U0541117

基于认知视角的汉语口语能力研究

王建勤 等著

商务印书馆

图书在版编目（CIP）数据

基于认知视角的汉语口语能力研究 / 王建勤等著. 一北京：商务印书馆，2025. --ISBN 978-7-100-24823-5

Ⅰ. H193.2

中国国家版本馆CIP数据核字第2024HR9412号

权利保留，侵权必究。

基于认知视角的汉语口语能力研究
王建勤 等著

商 务 印 书 馆 出 版
（北京王府井大街36号 邮政编码100710）
商 务 印 书 馆 发 行
鸿博昊天科技有限公司印刷
ISBN 978-7-100-24823-5

2025年4月第1版　　　开本 880×1230　1/32
2025年4月北京第1次印刷　印张 6¾
定价：78.00元

目　录

序言 ·· 1
第一章　汉语二语口语产出的复杂度、准确度和流利度研究 ············ 8
　　一、美国留学生汉语口语复杂度、准确度和流利度研究 ············ 9
　　二、韩国留学生汉语口语复杂度研究 ·· 21
　　三、韩国留学生汉语口语流利度研究 ·· 28
　　四、结论 ·· 35
第二章　句法和长度因素与第二语言口语流利度研究 ······················ 37
　　一、句法成分性质对口语流利度的影响 ······································ 40
　　二、句法结构复杂度对口语流利度的影响 ·································· 46
　　三、句法成分长度对口语流利度的影响 ······································ 51
　　四、结论 ·· 54
第三章　汉语学习者口语流利性与准确性的权衡效应研究 ·············· 58
　　一、外部因素对口语流利性和准确性的影响 ······························ 59
　　二、加工机制对口语流利性和准确性的影响 ······························ 63
　　三、文化心理因素对口语流利性和准确性的影响 ······················ 70
　　四、结论 ·· 74
第四章　汉语学习者第二语言口语认知流利性研究 ·························· 76
　　一、第二语言口语认知流利性的量化研究 ·································· 77
　　二、口语认知流利性与表达流利性的对比研究 ·························· 86
　　三、结论 ·· 95

第五章　汉语学习者的口语韵律表征与加工研究 ………………… 96
一、外国留学生汉语口语韵律词表征研究 ………………………… 97
二、外国留学生汉语口语韵律短语表征研究 …………………… 103
三、外国留学生汉语口语韵律对句法语义的影响 ……………… 108
四、结论 …………………………………………………………… 115

第六章　汉语学习者的口语韵律组块能力研究 ………………… 116
一、韩国汉语学习者口语韵律组块的特征 ……………………… 118
二、韩国汉语二语学习者口语韵律边界位置研究 ……………… 126
三、句法结构和句子长度对汉语二语学习者口语韵律组块的
　　影响 …………………………………………………………… 131
四、句法成分长度对韵律组块的影响 …………………………… 141
五、结论 …………………………………………………………… 148
附录6-1　实验材料 ……………………………………………… 150
附录6-2　句子难度调查问卷 …………………………………… 152

第七章　汉语学习者多词短语的组块式加工机制研究 ………… 153
一、"组块"加工机制及其理论模型 …………………………… 153
二、汉语学习者与母语者多词短语加工机制研究 ……………… 159
三、结论 …………………………………………………………… 181

第八章　汉语学习者言语产出的词类信息激活研究 …………… 182
一、双音节动词产出任务中词类信息的激活研究 ……………… 183
二、短语"动词+过"产生任务中词类信息的激活研究 ……… 188
三、短语"动词+了"产生任务中词类信息的激活研究 ……… 190
四、结论 …………………………………………………………… 192
附录8-1　实验材料 ……………………………………………… 198

参考文献 ……………………………………………………………199

序　言

近年来，第二语言学习者的口语能力一直是研究者们关注的研究领域。国外学者从多个理论视角对第二语言学习者的口语能力进行了深入、广泛的探讨，其中包括认知视角（cognitive perspectives）、互动视角（interactionist perspectives）、心理语言学视角（psycholinguistic perspectives）、基于任务的视角（task-based perspectives）和流利性视角（fluency perspectives）等。相较之下，国内关于第二语言学习者口语能力的研究多集中于语言学范畴，研究视角相对有限。

本书从认知加工的理论视角出发，探讨汉语作为第二语言学习者口语能力发展的认知机制及其影响因素。与此同时，本书的姊妹篇《调节教学模式与汉语二语口语能力研究》则是在社会文化理论框架下，探讨汉语二语学习者的口语能力及其认知加工机制，为该领域研究提供了新的理论视角。

本书的另一个显著特点是，所有研究都建立在坚实的认知行为实验基础之上。口语能力不仅是语言技能的体现，更是认知能力的体现。学习者口语能力的提升与认知加工能力的发展密不可分。Hagoort（2019）曾从语言认知神经科学的角度提出了"基本语言单元"（elementary linguistic units）和"基本语言加工"（elementary linguistic operations）的概念。他认为，若要全面理解语言，需要同时考虑基本的语言单位和语言加工。基于此，本书不仅从语言学角度考察学习者口语能力的发生和发展，而且通过实验研究探讨学习者口语能力发展的认知加工机制,为全面理解口语能力及其加工机制提供了坚实的实证基础。

本书的第三个特点是从多个维度,并兼顾不同语言层面考察汉语二语学习者口语能力发展及其认知加工机制。

本研究的第一个维度是依据 Segalowitz(2000)提出的"表达流利度"与"认知流利度"的理论框架,系统地考察了汉语二语学习者口语能力的发展以及多种因素对口语能力发展的影响。"表达流利度"指"可以观察到的言语表达流利性和准确性",如语速、停顿的数量、长度和分布、话语修正等特征。而"认知流利度"指"支撑表达流利度的认知机制运行的效率"。学习者的口语表达涉及概念化、语法和词汇编码、言语运动规划与执行以及监控等心理过程和认知机制。与表达流利度相比,认知流利度主要体现流利使用语言的潜在认知过程和效率。本书的第一章从口语表达的流利度、准确度和复杂度三个方面系统考察了汉语学习者二语口语能力的发展。研究发现,复杂度、准确度和流利度三个维度的发展各有特点,同一维度下不同特征的发展程度也存在差异。同时,复杂度、准确度和流利度之间存在着一定的相互作用,呈现出竞争和合作的关系。此外,不同汉语水平学习者口语表达的复杂度、准确度和流利度的相互作用模式既存在着共性,也存在着差异。

在此基础上,第二章从语言因素和非语言因素的角度进一步考察其对汉语二语学习者口语流利度的影响。研究发现,当句中加入了状语、补语等附属句法成分时,学习者的句内停顿率增加,语流长度变短。当句法结构关系较为复杂时,学习者产出的停顿率较高,语流长度较短,整体的口语流利度较低。此外还发现句子长度对学习者的口语流利度也产生了影响。句子长度作为非言语性质,相较于句法因素对口语流利度的影响较小,原因是学习者为提高汉语口语流利度会采用"压缩组合"的组块策略,根据句子内部的句法和长度来调整产出组块的大小。这项研究的意义在于探讨语言因素对口语流利度影响的同时考察了认知因素对口语流利度的影响,揭示了口语流利度影响因素的复杂性。

然而,除了影响口语流利度、准确度和复杂度这些语言表层结构的因素外,口语表达还受到语言认知加工一些外在因素和内在因素的影响。第三章从三个方面探讨了影响口语流利性和准确性的影响。一是言语情境对汉语学习者口语表达流利性和准确性的影响。研究发现,在正式言语情境下,学习者更倾向于关注口语产出的准确性,因而会在准确性上投入更多的注意资源;而在非正式言语情境下,学习者则更倾向于关注口语产出的流利性,因而会在流利性上投入更多的注意资源。二是时间压力对口语交际产生的影响。学习者在有时间压力的条件下,口语交际会产生权衡效应,即口语交际出现顾此失彼的现象;在没有时间压力的条件下口语交际未产生权衡效应。三是焦虑程度对不同母语文化背景学习者口语流利性和准确性的影响。在高焦虑条件下,韩国学习者口语产出的准确性提高,但流利性下降,即前者以牺牲后者为代价;对欧美学习者来说,高焦虑条件促进了口语产出流利性,但却降低了准确性。而在低焦虑条件下,韩国学习者的口语产出流利性提高,准确性降低;欧美学习者则相反,在相同条件下,口语产出的流利性降低,而口语产出的准确性提高。不同文化背景在不同条件下口语产出的权衡效应表明,焦虑作为一个中间变量,对不同文化背景的学习者的口语习得能力产生了不同的影响。

上述三项研究都是从"表达流利度"的角度探讨汉语二语者口语能力的发展,本书的第四章则是从"认知流利性"的角度考察学习者口语能力的认知加工机制,为客观、准确、有效地考察二语学习者口语能力提供了新的测量和评价维度。研究表明,组句反应时、注意转移消耗、图片命名反应时变异系数、组句反应时变异系数以及图片命名反应时这五个变量是第二语言口语认知流利性的有效测量指标,具有很强的预测力,其中最有效的测量指标为组句反应时和注意转移消耗。而口语表达流利性针对学习者口语产出的话语特征进行描述和衡量,是一种对静态结果的测量,易受学习者外显知识水平的干扰,具有不稳定性,而且测量效度也相对低。口语认知流利性是针对口语产出的动态认知加工过程,关注口语认知加工效率,反映了学习者的内隐知识,具有较高的有效性和稳定性。因而对口语能力的测量和评价具有重要的意义。

本研究的第二个维度是从口语韵律表征和口语韵律组块加工的角度,深入探讨了二语学习者在口语产出和加工过程中的认知机制。在实际的口语表达中,句法、语义和韵律之间相互影响,相互制约。三者共同构成口语表达的生成过程,从而形成一个复杂的动态系统。对二语学习者而言,汉语韵律加工能力缺失和不足是阻碍其口语表达流利性的一个主要障碍。为此,本书第五章分别考察了二语学习者汉语韵律词和韵律短语表征建立的过程以及汉语口语韵律对句法、语义的影响。研究发现,二语学习者在学习的初期已经建立了韵律词表征,但由于学习者基础汉语韵律特征的语言输入有限,韵律表征的深度与汉语母语者存在较大差异。高水平的汉语学习者已经建立了韵律短语表征,并且作为独立的表征单元。但韵律短语的加工依然是控制加工为主,从而对口语表达流利性依然产生一定影响。此外,研究还发现,歧义音节前后的停顿时长是层次切分歧义句解歧的主要手段。"主要意思语境"中,歧义音节后停顿时长是解歧的主要手段,而"次要意思语境"中,歧义音节前停顿时长是解歧的主要手段。高水平汉语学习者能够较好地运用韵律手段达到解歧的目的,因而具有较强的汉语口语韵律加工能力。

韵律表征的建立为汉语口语韵律加工奠定了认知基础,但是,口语表达的流利性还有赖于利用小的韵律单元组合成大的韵律单元的能力,即韵律组块的能力。本书第六章集中探讨了组块韵律特征、句法结构、句子长度以及韵律边界和对汉语二语学习者韵律组块能力的影响。该研究表明,学习者之所以在韵律组块单元长度、韵律边界产生率和韵律边界强度方面与汉语母语者存在显著差异,是因为汉语二语学习者韵律组块加工负有更多的"认知负荷",需要投入更多的注意资源,因而倾向于采用较短的韵律加工单元、较高的停顿频率和延长频率作为口语韵律组块的一种补偿机制。学习者在停顿率、停顿时长、边界前延长和延长率方面与母语者存在显著差异,反映了学习者过度依赖声学线索来标注编辑,较少依赖高层次语音信息的编码策略,并用这种"过度标注"策略补偿韵律加工的策略。过度依赖句法结构进行切分和组块,因此韵律组块单元的长度整体较短、停顿频率和延长频率较高、韵律边界强度较长。总之,韵律组块的加工不仅涉及语言本身的复杂度,而且与韵律的认知加工,即韵律单元的切分和整合机制密切相关。这个领域还有待进一步深入研究。

本研究的第三个维度是探讨口语产出中的词汇激活与多词短语的组块加工机制以及这些机制如何影响口语的流利性和学习者口语能力的发展。多年来,在结构主义语言学理论的影响下,汉语二语习得研究关注的是语音、词汇、语法规则,二语教学的目的就是教授学习者第二语言规则。但是,汉语母语者日常的口语交际完全是另一种场景。他们并非是按照语法规则组词造句,而是通过长时记忆检索和提取已经预制好的语块或公式化序列表达实现流利的交流。然而,二语教学和习得研究中的组块教学和组块加工机制问题被长期忽视,成为二语学习者达到汉语母语者水平的口语能力的主要障碍。为此,本书第七章集中探讨了"组块"的基本概念及其加工的理论模型,并通过实验研究揭示汉语学习者在多词短语加工上的特点和机制。该研究发现,汉语学习者在多词短语的组块加工上与母语者存在显著差异。学习者倾向于以较小的组块单位(如单个词语)进行加工,而母语者则能够以更大的组块单位(如短语或句子)进行加工。原因是汉语学习者在加工多词短语时需要消耗更多的注意力资源,其组块加工过程尚不能达到母语者组块加工的自动化水平。从而解释了为什么二语学习者在口语表达中难以实现母语者的流利性和准确性。根据 Ullman(2001)的陈述性/程序性模型,语言知识可以分为内隐的程序性知识和外显的陈述性知识。语法规则通常被视为外显知识，可以通过控制性加工和显性教学来学习。而组块则更多地涉及程序性知识，它们通过实践和重复使用实现自动加工，并内化为程序性的内隐知识。

本书第八章是关注汉语二语学习者汉语口语产出词类信息激活效应的研究。上述研究大都关注口语流利性问题，而这一章关注的是口语产出的准确性问题。因为词类信息的准确激活是二语习得过程中的一个难点。由于印欧语系的语言通常具有较为明显的词形变化，而汉语作为一种孤立语，缺乏类似的形态变化，这使得印欧语母语者在学习汉语时面临特别的挑战。该研究发现，在词语产生任务中，汉语母语者在语义相关条件下激活了词类信息，而在短语产生任务中，词类信息的激活受到句法要求的影响，词汇间语义关系的影响不大。但是，汉语二语学习者口语产出的词类信息激活的缺失，导致"*故事有什么样的**结束（结局）**"类似的偏误。即使高水平的汉语二语者在词语和短语产生任务中也均未显示出词类信息的激活。这与汉语二语学习者母语中丰富的词类形态标记经验有关，而汉语作为一种缺乏严格形态变化的语言，对二语者而言，词类信息表征的建立是一项艰巨任务。因此，研究二语者词类信息激活的问题有助于探索语言的认知机制，对探索语言如何在学习者大脑中表征以及在语言产出时如何被激活和使用具有重要意义。

总之，本书作为原创性实验研究，从认知加工的理论视角出发，基于三个维度、八个领域和二十一项实验研究，对汉语作为第二语言学习者口语能力发展的认知机制及其影响因素进行了深入探讨，构建了汉语二语学习者口语能力研究的多层次、多维度框架，为理解汉语二语学习者口语能力的本质提供了可供参考的实验依据，不仅丰富了汉语二语口语能力研究的理论内涵，而且为解决教学实践中的实际问题提供了新的途径。同时，本书的研究结果也为汉语二语习得理论的发展提供了新的研究视角，为汉语教师提供了有针对性的教学策略和方法。

最后，本研究得到国家社科基金重点项目"汉语二语口语能力习得与高效率教学模式研究"（12AZD113）的资助。从结项之日起历时五年终于结集出版。本书的研究成果是课题组成员集体智慧的结晶，每一份付出都为本书增色添彩。王建勤负责全书研究设计和书稿框架的设计、统稿、序言的撰写与内容修改。胡伟杰、高思畅负责统稿、文字修改和编辑。各章具体分工如下：第一章，陈默；第二章，陈梦恬；第三章，金楷昑；第四章，胡伟杰；第五章，周凤玲；第六章，高思畅；第七章，魏岩军；第八章，冯浩、冯丽萍。

感谢北京市中国语言文学一级学科高精尖项目出版经费的支持。此外，对商务印书馆的一贯支持表示衷心的感谢！

王建勤

2024 年 5 月 14 日

第一章　汉语二语口语产出的复杂度、准确度和流利度研究

　　复杂度、准确度和流利度在应用语言学研究中常被用来描述母语者、第二语言学习者口语或者书面语的语言表达，也是衡量语言水平的指示器，用来测量学习者语言学习的情况。由于在评价语言表达中的有用性和可靠性，复杂度、准确度和流利度受到了研究者们的一致认可。复杂度指进行言语任务时语言产出的复杂和多样化程度（Ellis, 2003）；准确度指跟目的语标准形式的偏差程度（Wolfe-Quintero et al., 1998）；流利度指说话人在停顿、犹豫以及重构方面的表现（Ellis, 2003）。

　　关于复杂度、准确度、流利度之间关系的观点主要有两种：一是平衡效应假说（Skehan, 1998；Skehan & Foster, 1999）。由于人类的注意机制和大脑加工能力是有限的，所以流利度会和准确度竞争注意资源，准确度会和复杂度竞争注意资源。即学习者会有意识或者无意识地将关注焦点投注在某一方面，而导致对其他方面的忽视。二是认知假说（Robinson, 2001）。学习者可以同时通达多种非竞争性注意资源，可以通过增加任务的认知要求同时改进复杂度和准确度。也就是说，复杂的任务将导致更复杂和更准确的表达。

　　影响复杂度、准确度和流利度的因素比较多，例如：（1）言语任务。学习者在完成叙述性任务时的复杂度、准确度和流利度比个人信息交换任务里的低（Skehan, 2009；袁玉琳, 2012）。（2）计划类

型。复述、策略计划和任务内计划等计划类型有助于流利度,但对于复杂度和准确度的影响比较复杂,因为复杂度和准确度还受任务设计、实施中的变异和个人差异等外在因素的影响(谭利思,2006;Ellis,2009a)。(3)记忆。工作记忆容量对书面语准确度有显著影响,对书面语的流利度和复杂度没有明显影响(易保树,罗少茜,2012)。

综上所述,关于第二语言的复杂度、准确度和流利度的研究取得了较为丰硕的成果。然而,这些研究大都是针对英语作为第二语言的研究,而且大部分研究还集中在对复杂度、准确度和流利度定义的讨论上以及对测量指标可靠性的检测上。针对汉语作为第二语言的研究以及有关复杂度、准确度和流利度的动态研究尚较为缺乏。为此,本研究将考察美国留学生的汉语口语复杂度、准确度和流利度以及韩国留学生的汉语口语复杂度和流利度的发展特点、各子维度之间的相互关系。

一、美国留学生汉语口语复杂度、准确度和流利度研究

复杂度的测量主要包括两部分:一是句法复杂度,二是词汇复杂度。测量句法复杂度最常用的指标为:单位词语个数和单位从句个数。Foster *et al.*(2000)认为 AS-units 比 C-units 更可靠。这是因为 AS-units 可以清楚地区分不成功的开始、重复和自我纠正。词汇复杂度包括词汇多样性和词汇复杂性,常用的测量指标有:(1)形符比(Yuan & Ellis,2003),指的是类符与形符的比率。类符是指言语中一切不重复出现的词语,形符是指言语中的一切词语,包括重复运用的。(2)词汇频率描述(lexical frequency profile)(Laufer & Nation,1999)。准确度常用的测量指标包括:(1)没有错误小句的比例(Yuan & Ellis,2003);(2)没有错误的 C-units 的比例(Robinson,2007);(3)每个 T-unit 的错误个数(Bygate,2001)。流利度常用的测量指标包括节

奏变量和犹豫标记（翟艳，2011；陈默，2012）。现有研究对复杂度、准确度和流利度的动态研究和相互作用的研究不够深入，因此本研究将进一步考察美国留学生的汉语口语复杂度、准确度和流利度的发展特点以及不同子维度之间的相互关系。

（一）研究方法

1. 实验设计。

由于本研究包括多个实验目的，对多个因变量进行测量，为此，在此分别介绍各项实验研究的实验设计。

（1）复杂度、准确度和流利度测量的实验设计。

本研究为单因素实验设计。自变量是被试间变量，有三个水平，分别为中级汉语水平的美国留学生、高级汉语水平的美国留学生和汉语母语者。

因变量是复杂度、准确度和流利度的测量指标。

根据汉语的特点，本实验细化了复杂度、准确度和流利度的测量指标。

① 复杂度测量包括：

句法复杂度测量指标有四项：AS-units 词语个数；AS-units 小句个数；AS-units 句法等级（根据 HSK 语法大纲测量 AS-units 句法等级）；连词数量。

词汇复杂度测量指标有三项：词汇多样性，包括不重复词语的数量；词语总量；词汇难度，指甲级词、乙级词、丙级词、丁级词和超纲词的使用数量。

② 准确度测量包括：

一是句法准确度，即 AS-units 的句法错误数量。二是词汇准确度，即 AS-units 的词汇错误数量。三是语音准确度。语音准确度的测量指标有三项：声调准确度，即 AS-units 的声调错误数量；声母准确度，即 AS-units 的声母错误数量；韵母准确度，即 AS-units 的韵母错误数量。

③流利度的测量包括:

平均语流长度,指每两个停顿之间的音节产出个数。

无声停顿频率和时长,指发音时间内达到或超过0.2秒的没有声音的停顿次数和时间长度。

充实停顿频率和时长,指"嗯、啊"这类停顿的次数和时间长度。

(2)词汇难度研究的实验设计。

需要说明的是,在进行词汇难度研究时,为了考察词汇等级对词汇复杂度的影响,将实验设计为两因素混合实验设计,被试间变量为语言水平(中级、高级汉语水平和汉语母语者),被试内变量为词汇等级(甲级、乙级、丙级、丁级和超纲)。

因变量:同上。

(3)声调准确度研究的实验设计。

在进行声调准确度研究时,为了考察调类的影响,将实验设计为两因素混合实验设计,被试间变量为语言水平(中级、高级汉语水平和汉语母语者),被试内变量为调类(阴平、阳平、上声、去声)。

因变量:同上。

2. 被试。

中级和高级汉语水平的美国留学生来自香港中文大学雅礼中国语文研习所,中级被试12人,其中男生6人,女生6人。高级被试17人,其中男生9人,女生8人。中国被试来自北京语言大学,有15人,其中男生7人,女生8人,普通话水平均为二级甲等。被试一共有44人,年龄均在22—35岁之间,受教育程度均为本科以上水平。

3. 语料收集。

所有被试均接受话题"比较在饭馆吃饭和在家吃饭的不同"的测试,话题难度适中。每一位被试有大约三分钟的思考时间,然后进行口语产出,被试的口语产出将会被录音。实验在安静的语音室进行,录音采用Praat语音软件,语音样本为16位单声道,采样率为44100Hz。录音后,用Praat软件对语料进行标注和转写。每位被试的言语产出时间在1—2分钟之间，为了计算单位时间内的言语产出，我们截取了每一位被试1分钟的语料（从言语产出开始算起）。

（二）实验结果

1. 复杂度。

（1）句法复杂度。

表1-1 句法复杂度

语言水平	AS-units 词语个数（SD）	AS-units 小句个数（SD）	AS-units 句法等级（SD）	连词数量（SD）
中级	11.58（5.071）	1.50（0.522）	1.25（0.452）	4.83（1.992）
高级	16.94（6.656）	2.29（0.920）	1.24（0.437）	8.23（3.717）
汉语母语者	19.60（5.138）	2.47（0.915）	2.07（1.033）	14.8（4.554）

表1-1显示，语言水平主效应均显著（$F_{(2,43)}$=6.580，$p<0.01$，η_p^2=0.234；$F_{(2,43)}$=5.019，$p<0.01$，η_p^2=0.189；$F_{(2,43)}$=6.821，$p<0.01$，η_p^2=0.241；$F_{(2,43)}$=26.211，$p<0.001$，η_p^2=0.549）。多重比较结果显示，高级被试的AS-units词语个数跟汉语母语者无显著差异（$p>0.05$），汉语母语者和高级被试明显多于中级被试（$p<0.001$）；高级被试的AS-units小句个数跟汉语母语者无显著差异（$p>0.05$），汉语母语者和高级被试明显多于中级被试（$p<0.01$）；中级被试的AS-units句法等级跟高级被试无显著差异（$p>0.05$），而中高级被试明显低于汉语母语者（$p<0.01$）；汉语母语者和高级被试的连词数量明显多于中级被试（$p<0.01$），汉语母语者明显多于高级被试（$p<0.001$）。

（2）词汇复杂度。

表1-2 词汇多样性

语言水平	不重复词语个数（SD）	词语总数（SD）
中级	13.250（4.495）	76.167（22.550）
高级	20.765（6.933）	106.000（28.504）
汉语母语者	32.467（7.220）	153.867（18.833）

表 1-2 显示，语言水平主效应均显著（$F_{(2,43)}$=30.566，$p<0.001$，η_p^2=0.587；$F_{(2,43)}$=36.636，$p<0.001$，η_p^2=0.630）。多重比较结果显示，汉语母语者和高级被试的不重复词语个数明显多于中级被试（$p<0.01$），汉语母语者明显多于高级被试（$p<0.001$）；汉语母语者和高级被试的词语总数明显多于中级被试（$p<0.01$），汉语母语者明显多于高级被试（$p<0.001$）。

表 1-3　词汇难度

语言水平	甲级词（SD）	乙级（SD）	丙级（SD）	丁级（SD）	超纲（SD）
中级	74.450（23.466）	1.900（1.375）	0.182（0.405）	0.273（0.647）	0.364（0.924）
高级	95.000（27.269）	6.940（3.848）	0.940（1.029）	1.290（1.448）	1.760（1.786）
汉语母语者	120.730（17.405）	20.000（7.111）	4.133（2.031）	2.400（1.882）	6.733（2.738）

表 1-3 显示，语言水平主效应显著（$F_{(2,40)}$=34.377，$p<0.001$，η_p^2=0.632），词汇难度主效应显著（$F_{(4,37)}$=208.531，$p<0.001$，η_p^2=0.958），语言水平和词汇难度的交互作用显著（$F_{(8,76)}$=7.298，$p<0.001$，η_p^2=0.434）。多重比较结果显示，汉语母语者和高级被试的词语难度明显高于中级被试（$p<0.01$），汉语母语者明显高于高级被试（$p<0.001$）。简单效应检验结果显示，汉语母语者五种等级词语的数量均明显多于中级被试（$p<0.001$）；汉语母语者除了丁级词数量跟高级被试无显著差异以外（$p>0.05$），其他等级词数量均明显高于高级被试（$p<0.001$）；高级被试除了甲级词数量跟中级被试无显著差异以外（$p=0.05$），其他等级词数量均明显高于中级被试（$p<0.05$）；中高级被试的甲级词数量显著高于其他等级词（$p<0.001$），其他等级词之间无显著差异（$p>0.05$）；汉语母语者的甲级词数量显著高于其他等级词（$p<0.001$），乙级词数量显著高于丙级、丁级和超纲词（$p<0.001$），丙级、丁级和超纲词之间无显著差异（$p>0.05$）。

2. 准确度。

（1）句法准确度。

表 1-4　句法准确度和词汇准确度

语言水平	AS-units 句法错误数量（SD）	AS-units 词汇错误数量（SD）
中级	0.520（0.681）	0.208（0.439）
高级	0.384（0.566）	0.091（0.289）
汉语母语者	0.093（0.291）	0.000（0.000）

表 1-4 显示，语言水平主效应显著（$F_{(2, 283)}$=16.746，$p<0.001$，η_p^2=0.106；$F_{(2, 283)}$=11.938，$p<0.001$，η_p^2=0.078）。多重比较结果显示，中级被试的 AS-units 句法错误数量跟高级被试的无显著差异（$p>0.05$），中高级被试明显多于汉语母语者（$p<0.001$）；中级被试的 AS-units 词汇错误数量明显多于高级被试（$p<0.01$），中高级被试明显多于汉语母语者（$p<0.05$）。

（2）语音准确度。

表 1-5　语音准确度

语言水平	AS-units 声调错误数量（SD）	AS-units 声母错误数量（SD）	AS-units 韵母错误数量（SD）
中级	1.520（1.242）	0.040（0.257）	0.067（0.300）
高级	1.485（2.140）	0.040（0.198）	0.030（0.172）
汉语母语者	0.000（0.000）	0.000（0.000）	0.000（0.000）

表 1-5 显示，AS-units 声调准确度的语言水平主效应显著（$F_{(2, 283)}$=37.398，$p<0.001$，η_p^2=0.209），AS-units 声母准确度、韵母准确度的语言水平主效应均不显著（$F_{(2, 280)}$=1.710，$p>0.05$；$F_{(2, 280)}$=2.852，$p>0.05$）。多重比较结果显示，中级被试的 AS-units 声调错误数量跟高级被试无显著差异（$p>0.05$），而中高级被试明显高于汉语母语者（$p<0.001$）；中高级被试、汉语母语者之间的 AS-units 声母错误数量均无显著差异（$p>0.05$）；中级被试的 AS-units 韵母错误数量明显高于汉

语母语者（$p<0.05$），但是中级跟高级被试以及高级跟汉语母语者之间无显著差异（$p>0.05$）。

表 1-6 调类对声调准确度的影响

语言水平	阴平（SD）	阳平（SD）	上声（SD）	去声（SD）
中级	1.250（1.712）	1.583（1.505）	1.667（1.826）	4.750（3.223）
高级	1.588（1.839）	1.647（2.344）	1.706（1.896）	3.410（5.050）
汉语母语者	0.000（0.000）	0.000（0.000）	0.000（0.000）	0.000（0.000）

表 1-6 显示，语言水平主效应显著（$F_{(2, 41)}=11.091$，$p<0.001$，$\eta_p^2=0.351$），调类主效应显著（$F_{(2, 40)}=7.209$，$p<0.001$，$\eta_p^2=0.265$），语言水平和调类的交互作用显著（$F_{(8, 78)}=2.200$，$p<0.05$）。多重比较结果显示，中级和高级被试之间的声调错误差异不显著（$p>0.05$），中高级被试明显多于汉语母语者（$p<0.001$）。简单效应检验结果显示，中高级被试不同调类的声调错误均无显著差异（$p>0.05$）；中高级被试不同调类的错误明显高于汉语母语者（$p<0.01$；$p<0.05$）。中级被试的去声错误明显高于其他调类（$p<0.001$），阴平、阳平、上声之间均无显著差异（$p>0.05$）；高级被试四类声调之间的错误数量无显著差异（$p>0.05$）。汉语母语者四类声调错误数量均为 0。

3. 流利度。

表 1-7 流利度

语言水平	平均语流长度（SD）	无声停顿频率（SD）	无声停顿时长（SD）	充实停顿频率（SD）	充实停顿时长（SD）
中级	4.485（3.706）	28.670（4.924）	0.691（0.531）	14.583（7.597）	0.490（0.213）
高级	5.920（4.665）	26.240（7.233）	0.590（0.471）	9.882（6.382）	0.491（0.213）
汉语母语者	12.268（7.774）	18.930（4.605）	0.429（0.173）	7.000（3.117）	0.427（0.188）

表 1-7 显示，流利度特征、语言水平主效应均显著（$F_{(2, 1089)}=180.849$，$p<0.001$，$\eta_p^2=0.249$；$F_{(2, 43)}=10.596$，$p<0.001$，$\eta_p^2=0.330$；$F_{(2, 1071)}=28.530$，$p<0.001$，$\eta_p^2=0.051$；$F_{(2, 43)}=5.56$，$p<0.01$，$\eta_p^2=0.252$；$F_{(2, 444)}=3.994$，$p<0.05$，$\eta_p^2=0.018$）。多重比较发现，中级被试的平均语流长

度明显少于高级和汉语母语者（$p<0.001$），高级被试明显少于汉语母语者（$p>0.001$）；中级被试无声停顿频率和高级被试没有显著差异（$p>0.05$），中高级被试明显多于汉语母语者（$p<0.001$）；中级被试无声停顿时长明显长于高级被试（$p<0.01$），中高级被试明显长于汉语母语者（$p<0.001$）；高级被试充实停顿频率和汉语母语者没有显著差异（$p>0.05$），中级被试明显多于高级被试和汉语母语者（$p<0.05$）；中级被试充实停顿时长跟高级被试无显著差异（$p>0.05$），中高级被试明显长于汉语母语者（$p<0.01$）。

4.复杂度、准确度和流利度的相关性。

通过统计复杂度、准确度和流利度之间的Pearson相关系数来分析三者之间的相互作用（表1-8至表1-10）。

（1）中级被试的复杂度、准确度和流利度之间的相关性。

通过表1-8可以看出，中级被试的准确度和流利度之间不存在显著的相关关系，而复杂度跟准确度、流利度之间存在着一定的相关性。复杂度中的AS-units词语个数跟准确度中的句法错误数量呈强正相关，跟声调错误数量呈正相关。复杂度中的连词数量跟流利度中的无声停顿时长呈强负相关。

表1-8 中级被试复杂度、准确度和流利度间的相关性

语言能力		复杂度	
		AS-units 词语个数	连词数量
复杂度	AS-units 词语个数		
	连词数量		
准确度	句法错误	0.306**	
	声调错误	0.251*	
流利度	无声停顿时长		−0.664**

** 表示强相关，显著性水平在0.01；* 表示相关，显著性水平在0.05；阴影表示不相关。

（2）高级被试的复杂度、准确度和流利度之间的相关性。

通过表1-9可以看出，高级被试的复杂度、准确度和流利度三者

之间具有一定的相关性。复杂度中的AS-units词语个数跟准确度中的声调错误数量呈强正相关，AS-units小句个数跟声调错误数量呈强正相关，AS-units句法等级跟韵母错误数量呈正相关，连词数量跟流利度中的充实停顿频率呈负相关。准确度中的声调和韵母错误数量跟流利度中的充实停顿频率呈强正相关，声母错误数量和无声停顿频率呈正相关。

表1-9 高级被试复杂度、准确度和流利度间的相关性

语言能力		准确度			流利度
		声调错误	声母错误	韵母错误	充实停顿频率
复杂度	AS-units词语个数	0.44**			
	AS-units小句个数	0.290**			
	AS-units句法等级			0.234*	
	连词数量				−0.499*
流利度	无声停顿频率		0.526*		
	充实停顿频率	0.638**		0.610**	

** 表示强相关，显著性水平在0.01；* 表示相关，显著性水平在0.05；阴影表示不相关。

（3）汉语母语者的复杂度、准确度和流利度之间的相关性。

通过表1-10可以看出，汉语母语者的准确度和复杂度以及准确度和流利度之间不存在显著的相关关系，而复杂度跟流利度之间存在着一定的相关性。复杂度中的AS-units句法等级跟流利度中的充实停顿频率呈正相关，词语总数跟充实停顿频率呈负相关。

表1-10 汉语母语者复杂度、准确度和流利度间的相关性

语言能力		流利度
		充实停顿频率
复杂度	AS-units句法等级	0.533*
	词语总数	−0.559*

* 表示相关，显著性水平在0.05。

（三）讨论

1. 复杂度。

句法复杂度里的 AS-units 词语个数、AS-units 小句个数、连词数量的发展受到语言水平的显著影响，高级被试进步显著，明显好于中级被试，尤其是 AS-units 词语和小句个数已经接近汉语母语者水平。而语言水平对中高级被试 AS-units 句法等级的影响较小，中高级被试大多使用甲级句法，汉语母语者大多使用乙级以上的句法。所以我们可以说，AS-units 词语个数和 AS-units 小句个数这两项指标发展得最快、最好。其次是连词数量，而 AS-units 句法等级则发展得最慢。词汇复杂度里的不重复词语个数、词语总数和词汇难度的发展受到了语言水平的影响，高级被试进步显著，明显好于中级被试。但是均未达到汉语母语者水平。词汇等级对词汇产出影响显著，高级被试的乙级、丙级、丁级和超纲词的产出数量跟中级相比，进步显著。其中，丁级词产出数量接近于汉语母语者水平，而甲级词产出数量进步不明显。另外，中高级被试主要使用甲级词，而汉语母语者则主要使用甲级和乙级词。上述现象表明，高级汉语水平美国留学生的句法和词汇复杂度进步显著，但是句子、词汇本身的难度在一定程度上制约了口语复杂度的发展。因为一个结构上复杂的句子或者一个难度更高的词汇在产出时，需要运用更多的认知资源，所以导致这些特征较晚被习得。

2. 准确度。

词汇准确度的发展受到语言水平的显著影响，高级被试进步显著，明显好于中级被试。而句法和声调准确度受语言水平的影响比较小，高级被试无显著进步。声母、韵母准确度受语言水平的影响不显著，中高级被试接近于汉语母语者水平。从调类的影响来看，中级被试的去声错误数量明显高于其他调类，其他调类之间的错误数量均无显著差异。高级被试四类声调之间的错误数量无显著差异，但是去声错误数量还是最高的。汉语母语者的声调错误数量不受调类的影响，错误数量均为 0。所以可以认为，中高级汉语水平的美国留学生语流中的去声发展得最差。上述现象表明，美国留学生不同准确度特征的发展程度是不同的，声母、韵母准确度发展得最快、最好，其次是词汇准确度，而句法和声调准确度则发展比较慢。造成这种现象的原因是不同语言层面习得的难度、速度不同。对于美国留学生来说，声母、韵母比较容易，可以接近汉语母语者水平，而声调较难。高级阶段的汉语声调达不到汉语母语者水平。虽然跟句法相比，词汇的使用更容易一些，但是依然没有达到汉语母语者水平。

3. 流利度。

平均语流长度、无声停顿时长、充实停顿频率的发展受语言水平的影响较为显著，高级被试进步显著，明显好于中级被试，高级被试的充实停顿频率已经接近汉语母语者水平。而无声停顿频率和充实停顿时长受语言水平影响比较小，高级被试无显著进步。所以，可以认为美国留学生的充实停顿频率发展得最好，其次是平均语流长度和无声停顿时长，而无声停顿频率和充实停顿时长则发展较慢。以上现象表明，不同流利度特征的发展程度是不同的，体现出不同的言语加工水平。利用 Levelt 的言语产出模型（1989）来解释这一结果：由于到了高级汉语水平阶段，学习者话语边界处概念化的难度降低了（这主要发生在概念器阶段），这一概念化的过程可能是最受学习者关注的，因此充实停顿频率到了高级阶段，接近于母语者水平。概念器阶段工作难度的降低，使语形器阶段的程序化知识显著增加，学习者在发音器阶段可以一次产出更多的音节，平均语流长度显著增加。同时，学习者减少了词语搜索的时间，可以使用自动化或者半自动化的语块，于是不需要较长的无声停顿时长来提取词句，表现在发音器阶段的无声停顿时长变短。而学习者在无声停顿频率、充实停顿时长上发展缓慢的现象，则符合 Skehan（1998）的语言能力平衡假说，学习者会有意识或者无意识地在某个发展阶段将关注焦点投注在某一方面，而导致对其他方面的忽视。

4.复杂度、准确度和流利度之间的相互作用。

中级汉语水平被试的准确度和流利度之间不存在显著相关关系，复杂度跟准确度之间存在着负相关关系，复杂度和流利度之间存在着一定程度的正相关关系。一个有趣的现象是，复杂度的提高似乎在某种程度上能提高流利度，即连词的使用会使无声停顿的时长变短。我们认为这是因为连词在言语产出时，常常充当话语标记，在语篇中起着停顿、过渡等作用，所以连词的使用会缩短无声停顿时长。正是由于中级被试的连词数量较少，导致其需要更长的无声停顿时间来进行语篇过渡。

跟中级被试不同的是，高级汉语水平被试的流利度和语音准确度之间是正相关关系。但跟中级被试相似的是，复杂度跟语音准确度之间是负相关关系，而且复杂度和流利度之间也存在着一定的负相关关系。有趣的是，连词的使用会降低充实停顿频率。高级被试可能是利用充实停顿作为话语标记来进行语篇的过渡，从而使自己的言语显得更流利。

汉语母语者的准确度跟复杂度不存在显著相关关系，准确度跟流利度之间也不存在显著相关关系，而复杂度跟流利度之间存在着一定相关性，这种相关性比较复杂，表现在复杂度中的 AS-units 句法等级跟流利度中的充实停顿频率呈正相关，词语总数跟充实停顿频率呈负相关。也就是说不同复杂度和不同流利度特征之间的相关性是不同的。句法等级的提高会使充实停顿频率增加，这是因为当汉语母语者使用较难的句法时，可能需要较多的充实停顿来进行句法结构的搜索，于是导致流利度的降低，这一点跟中高级被试相似。而词汇多样性的增加使充实停顿频率降低，这是因为词汇使用数量的增加，起到了替代充实停顿功能的作用，于是导致流利度的提高。

以上现象表明，语言水平不同，复杂度、准确度和流利度间的相互作用模式存在着差异性，但是也存在着类似之处，例如复杂度跟语音准确度之间的负相关关系，以及复杂度和流利度之间的负相关关系。另外，不同维度跟其他维度特征的相关程度是不同的，它们之间不是简单的线性关系。例如汉语母语者的复杂度和流利度之间既存在着负相关关系，又存在着正相关关系。所以，我们认为平衡效应假说（Skehan，1998；Skehan & Foster，1999）和认知假说（Robinson，2001，2007），实际上讨论的是不同言语发展条件下的情况。也就是说，在一定条件下，学习者有时可以同时关注不同语言能力维度，呈现出一种合作的态势。但是有时只能关注一个维度或者两个维度，呈现出一种竞争的态势。

二、韩国留学生汉语口语复杂度研究

复杂度不同子维度的发展是非线性的，这意味着不是所有复杂度特征都随语言水平的提高而进步。一些研究发现，有的特征随语言水平或时间变化而进步，水平较高的学习者使用更多的从句、修饰成分，言语单元长度更长，词汇多样性和词频广度也显示出进步趋势（文秋芳，2006；鲍贵，2010；王宇、樊宇，2011；Vyatkina，2012；陈默，2015a）。但有些研究发现，水平对某些特征的影响不显著，例如单元句法等级、平均单元长度等（彭慧、卢慧玲，2012；吴洁、刘春燕，2013；陈默，2015b）。有的特征发展缓慢甚至呈现倒退趋势。Larsen-Freeman（2006）的研究显示，小组整体的复杂度、准确度和流利度随时间而增加，但不同个体显示出不同的发展路径。一位被试在词汇复杂度上进步显著，句法复杂度发展滞后，另一位被试则表现相反。Byrnes（2009）发现，单元从句数量在第二阶段增加明显，在第四阶段却减少了。

复杂度子维度间存在合作与竞争的关系。一些特征使用共同的认知资源，可以互相支持共同发展，而另一些特征则需要利用全部的注意资源，从而出现竞争现象（Verspoor et al. 2008）。Vercellotti（2015）发现词汇多样性跟句法复杂度存在正相关，然而 Skehan（2009）发现，词汇多样性和句法复杂度存在负相关。在 Verspoor et al.(2008)的研究里，词汇多样性跟句子长度在初期测试中存在正相关，在后期测试中呈负相关。Verspoor et al.(2008)认为，多样化的词汇使用跟句子长度之间存在着复杂关系，并随时间发展而呈现出动态变化。在二语学习初始阶段，词汇和句法复杂度是"联结增量"，互相支持；在二语发展高级阶段，词汇和句法复杂度间出现竞争关系，变成了非联结变量。另外，句法复杂度子维度间也存在着相互作用。Vyatkina(2012)发现，并列连词跟从属连词、句子长度以及每句所包含的限制性动词单元结构的使用呈负相关。

综上所述，目前的二语习得研究越来越关注复杂度的非线性发展过程以及交互作用，动态系统理论则恰好为深入理解二语系统提供了新颖的视角。然而现有研究的对象多为英语作为二语的研究，关于汉语的研究非常少；研究方法基本上是基于英语句法特点来分析句法复杂度。因此本研究将构建划分汉语言语分析单元的原则，考察初、中和高级汉语水平韩国留学生汉语话题表达的复杂度。

（一）研究方法

1.实验设计。

本研究分为三部分，分别为句法复杂度研究、词汇多样性研究和词汇难度研究。

句法复杂度研究为单因素实验设计。自变量是语言水平（初级、中级、高级汉语水平韩国留学生以及汉语母语者），因变量是单元词语和分句数量。

词汇多样性研究为单因素实验设计。自变量是语言水平，因变量是类符数除以词形符数的平方根。

词汇难度研究为 4×5 的两因素混合实验设计，自变量是语言水平和词汇等级，因变量是不同等级词汇类符数的使用比率。

2.被试。

韩国留学生 45 人，其中，初级 15 人（男 5 人，女 10 人），中级15人（男4人，女11人），高级15人（男4人，女11人）。从汉语学习时间来看，初级不到1年，中级1—2年，高级3年以上；从HSK成绩来看，初级为1—2级，中级为3—4级，高级为5—6级。汉语母语者15人（男6人，女9人），普通话水平为二级甲等以上。被试年龄在19—28岁之间。

3. 语料收集。

话题为"谈谈你在北京的学习和生活"，难度适中。我们对内容做了一定限制，要求被试必须围绕"衣食住行、学习情况以及对于在北京学习汉语的感受"来谈论。被试在产出前有两分钟准备时间，之后使用Praat语音软件录音，语音样本为16位单声道，采样率为44100Hz。录音地点为安静教室。录音后选取每一位被试1分半钟的语料进行研究。

4. 语料转写、标注和数据提取。

两名语言学专业研究生共同完成语料转写、标注和数据计算工作。第一步，一名标注者进行语料转写，另一名标注者检查。第二步，标注者手工标注汉语言语分析单元。当出现不一致情况时，标注者要相互协商，直到达成一致。第三步，标注者去除重复、错误和纠正现象后，再计算句法和词汇复杂度。第四步，标注者互相检查。

（二）实验结果

1. 句法复杂度。

方差分析显示（表1-11），语言水平主效应均显著（$F_{(2, 42)}$=21.056，$p<0.001$，η_p^2=0.501；$F_{(2, 42)}$=12.497，$p<0.001$，η_p^2=0.373）。多重比较结果显示，初级单元词语数量明显少于中、高级（$p<0.05$；$p<0.001$），中级也明显少于高级（$p<0.01$）。初、中级的单元分句数量明显少于高级（$p<0.001$；$p<0.01$），但是初级跟中级无显著差异（$p>0.05$）。初、中和高级的单元词语数量均明显少于汉语母语者（$p<0.001$；$p<0.001$；$p<0.05$），初、中和高级单元分句数量均明显少于汉语母语者（$p<0.001$；$p<0.001$；$p<0.01$）。

表 1-11　句法复杂度描述性分析

句法复杂度	初级（SD）	中级（SD）	高级（SD）	汉语母语者（SD）
单元词语数量	8.973（1.235）	12.200（3.384）	16.733（4.415）	20.867（5.111）
单元分句数量	1.300（0.160）	1.553（0.325）	2.080（0.662）	2.693（0.594）

2.词汇复杂度。

（1）词汇多样性。方差分析显示（表 1-12），语言水平主效应不显著（$F_{(2, 42)}$=2.011，p>0.05，η_p^2=0.087）。但将汉语母语者作为对照组发现，初、中级的词汇多样性均明显低于汉语母语者（p<0.05），而高级跟汉语母语者无显著差异（p>0.05）。

表 1-12　词汇多样性的描述性分析

词汇复杂度	初级（SD）	中级（SD）	高级（SD）	汉语母语者（SD）
词汇多样性	5.751（1.144）	5.902（0.688）	6.378（0.781）	6.692（0.735）

（2）词汇难度。方差分析显示（表 1-13），语言水平主效应不显著（$F_{(2, 42)}$=0.986，p>0.05，η_p^2=0.045），词汇难度主效应显著（$F_{(4, 168)}$=2474.672，p<0.001，η_p^2=0.983），语言水平和词汇难度的交互作用显著（$F_{(8, 168)}$=3.275，p<0.01，η_p^2=0.135）。

表 1-13　词汇难度的描述性分析

语言水平	甲级词（SD）	乙级词（SD）	丙级词（SD）	丁级词（SD）	纲外词（SD）
初级	0.907（0.040）	0.023（0.015）	0.012（0.009）	0.010（0.012）	0.047（0.031）
中级	0.913（0.028）	0.039（0.017）	0.014（0.008）	0.008（0.006）	0.032（0.025）
高级	0.879（0.049）	0.058（0.037）	0.022（0.025）	0.008（0.009）	0.028（0.027）
汉语母语者	0.863（0.036）	0.056（0.024）	0.017（0.015）	0.017（0.018）	0.044（0.025）

简单效应检验表明：语言水平对甲、乙级词使用影响显著（p=0.007<0.01；p<0.01），但对丙、丁级词和纲外词使用影响不显著（p>0.05）。在甲级词使用上，初、中级最高，其次是高级水平和汉语母语者；在乙级词上，高级水平和汉语母语者最高，其次是中级，初级最低。词汇等级对初、中和高级、汉语母语者词汇使用比率影响显

著（$p<0.05$）：从初级来看，甲级词最高，其次是纲外词，再次是乙、丙级词，丁级词最低；从中级来看，甲级词最高，其次是乙级词和纲外词，丙、丁级词最低；从高级来看，甲级词最高，其次是乙级词，再次是丙级词和纲外词，丁级词最低；从汉语母语者来看，甲级词最高，其次是乙级词和纲外词，丙、丁级词最低。

3. 复杂度子维度的相关分析。

从初级来看，句法和词汇复杂度间具有一定相关性，单元词语数量跟丙级词使用呈较显著的正相关（$r=0.569$），单元分句数量跟乙、丙级词均呈较显著的正相关（$r=0.575$；$r=0.603$）；句法复杂度子维度间不存在相关；词汇复杂度子维度间存在一定的相关，词汇多样性跟纲外词呈较显著的正相关（$r=0.621$），甲级词跟乙级词和纲外词都呈显著的负相关（$r=-0.782$；$r=-0.810$），乙级词跟丙级词呈显著的正相关（$r=0.576$）。从中级来看，句法和词汇复杂度之间不存在相关；句法复杂度子维度间存在一定的相关，单元词语个数跟单元分句数量间呈非常显著的正相关（$r=0.860$）；词汇复杂度子维度间存在一定的相关，甲级词跟丁级词呈较显著的负相关（$r=-0.544$）。从高级来看，句法和词汇复杂度间存在一定的相关，单元分句数量跟词汇多样性呈显著的负相关（$r=-0.521$）；句法复杂度子维度间存在一定的相关，单元词语个数跟单元分句数量间呈显著的正相关（$r=0.801$）；词汇复杂度子维度间存在一定的相关，甲级词跟乙级词和丙级词均呈现显著的负相关（$r=-0.733$；$r=-0.687$）。

（三）讨论

1. 语言水平对句法复杂度的影响。

单元词语数量随语言水平提高逐渐增加，句法成分长度变长。但到了高级，单元词语数量还是显著少于汉语母语者。单元分句数量的发展速度跟单元词语数量不同，中、初级之间无差异，高级则明显提高，但仍显著少于汉语母语者。这表明，即使到了高级阶段，韩国留学生的句法复杂度仍然不能达到汉语母语者水平，学习者需要更长时间来发展句法复杂度。句法复杂度子维度发展模式是不同的：句法成分长度呈现线性递增趋势；句法结构密度发展较慢，到了高级才有明显提高。Ahmadian & Tavakoli（2011）关于英语二语的研究发现，每句从句数量变化不大，但每句单词数量显著增加。我们认为，单元分句数量体现了说话者句子结构组织、语篇衔接建构和语义整合的能力，单元词语数量体现了说话者通达心理词汇的能力。增加句子长度比增加句法结构密度需要更多的认知努力。

2.语言水平对词汇复杂度的影响。

从词汇多样性来看，初、中级之间差异不显著，高、中级之间差异不显著，但高级有明显进步，接近于汉语母语者水平。从词汇难度来看，初、中级的甲级词显著高于高级和汉语母语者；高级和汉语母语者的乙级词最高，其次是中级，最低的是初级；其他等级的词汇没有水平间的差异。中级跟汉语母语者对词汇的使用分配趋势一致，均为甲级词最高，其次是乙级词和纲外词，丙级词和丁级词最低。初级的甲级词最高，其次是纲外词，再次是乙级词和丙级词，而丁级词最低。高级的甲级词最高，其次是乙级词，再次是丙级词和纲外词，丁级词最低。这说明，词汇复杂度在高级阶段进步显著，词汇多样性和不同等级词汇的使用都已接近于汉语母语者。难度等级低的词汇更易被语言水平影响，甲级词随语言水平的提高而减少，乙级词随语言水平的提高而增加。即初级更关注甲级词，中、高级则开始注意乙级词；难度等级高的丙级词、丁级词则不受语言水平影响。从词汇使用分配的趋势可以看出，尽管不同水平间略有差异，但总体分配趋势一致：甲级词最高，其次是乙级词和纲外词，丙级词、丁级词较低。这可能是由于话题谈论的是说者比较熟悉的"北京的学习和生活"，因此说者倾向于使用甲级词，其他等级词汇比率较低。陈默（2015c）关于美国留学生话题表达的研究也发现，美国学生和汉语母语者都主要以甲级词为主。有趣的是，本研究中纲外词的使用不受语言水平的影响，且比率不是最低的。这是由于纲外词跟生活紧密相关，例如"麻辣香锅、米线、麻辣烫、长城、望京、西单……"这些纲外词的使用频率超过了丙级词、丁级词，在初级已超过乙级词。

3.复杂度子维度之间的相互关系。

句法和词汇复杂度间的关系是变化的，从初级的正相关到中级的不相关，再到高级的负相关。表现为初级单元词语数量跟丙级词的正相关、单元分句数量跟乙级词、丙级词的正相关；中级不存在相关；高级单元分句数量跟词汇多样性的负相关。Verspoor *et al.*（2008）发现词汇跟句法复杂度间存在着复杂的关系，并随时间发展而呈现出动态变化，从相互支持到互相竞争。本研究中，初级的某些词汇的使用（丙级词或者乙级词）跟句法成分长度和句法结构密度在一定程度上是"联结增量"，使用共同的认知资源，互相支持；到了中级，认知资源的使用开始分离，"联结增量"变成了"无关变量"；到了高级，词汇多样性跟汉语母语者无差异，而单元分句数量发展缓慢，因此增加句法结构密度需要投入更多注意资源，导致词汇多样性和句法结构密度之间开始竞争。

句法复杂度子维度间存在着相互作用，这种关系随语言水平变化而变化。表现为：除了初级无相关以外，中、高级的单元词语数量跟单元分句数量之间都呈非常显著的正相关。即初级的单元词语和分句数量都比较少，二者之间无相关；到了中级和高级，单元词语数量和单元分句数量变为"联结增量"关系，句法结构密度增加了，句法成分长度也增加了。Vyatkina（2012）则发现，并列连词跟其他三个子维度（从属连词、句子长度及限制性动词单元结构）呈负相关。我们认为，结果的不同是由于测量指标差异造成的。

词汇复杂度子维度间存在着相互作用，并受到语言水平的影响。初级表现出支持和竞争的关系，体现在词汇多样性跟纲外词的正相关、甲级词跟乙级词和纲外词的负相关、乙级词跟丙级词的正相关；中级的甲级词跟丁级词存在显著负相关。高级的甲级词跟乙级词和丙级词均呈显著的负相关。基于动态系统理论（De Bot，2008），由于初级词汇掌握的数量有限，导致学习者依赖跟生活密切相关的词汇来表达话题。因此纲外词跟词汇多样性形成了补偿效应，跟甲级词形成了竞争关系。乙级词、甲级词的竞争以及乙级词、丙级词的"联结增量"关系，体现了初级的语言系统不太稳定、变异性强的特点。到了中、高级阶段，前者只存在甲级词、丁级词的竞争，后者却存在甲级词、乙级词和丙级词的竞争，表明高级对甲级词依赖变小，关注难度较高词汇的使用。

三、韩国留学生汉语口语流利度研究

流利度体现了第二语言学习者的语言能力。在第二语言习得研究领域，通常将流利度和复杂度、准确度区分开来进行研究。Lennon（1990）区分了广义的流利度和狭义的流利度。广义的流利度是指口语水平，狭义的流利度则强调说话时的语速，并通常与准确度相对立而存在。因此，Lennon认为流利度是以类似母语者的快速性来加工第二语言的能力。Skehan（2009）认为流利度是以正常语速产出言语并且没有打断的言语能力。流利度可分为：速度流利度、间断流利度和修复流利度（Skehan，2003；Tavakoli & Skehan，2005）。陈默（2012）认为，对于第二语言习得而言，流利性作为一种自动化的语言技能，体现了学习者对第二语言知识的控制能力，控制能力越强，流利度越高。综上所述，本研究将流利度定义为：以正常语速产出言语并且没有打断的言语能力，是说话人在进行某项言语任务时，在停顿、犹豫以及重构方面的表现。

目前关于汉语作为第二语言流利度的研究较少。正如陈默（2015c）所说，目前关于汉语作为第二语言的语言能力的研究还处于探索阶段，汉语教师和研究者对汉语学习者的言语产出特点还不够了解。另外目前基于口语流利度的研究，由于研究者采用的测量方法不同，被试的语言水平也不一样，不同的研究在结果上也有一定差异。我们将选择初级、中级和高级三个汉语语言水平的韩国留学生来考察语言水平对口语流利度发展的影响，试图系统描述汉语作为第二语言的汉语口语流利度发展特点，从而深入探讨韩国留学生汉语口语能力的发展机制，为针对韩国留学生的汉语教学提供一些教学思路，也可以为汉语口语评估和测试提供一些建议。

（一）研究方法

1. 实验设计。

本研究为多个因变量的单因素实验设计，被试间变量是语言水平，分为初级、中级和高级汉语水平以及汉语母语者。因变量是流利度特征的测量指标，包括：（1）速度流利度——平均语流长度、语速、发音速度。（2）间断流利度——无声停顿的频率和时长、充实停顿的频率和时长。（3）修复流利度——错误的开始频率、重复频率、纠正频率。

2. 被试。

被试是由韩国留学生和汉语母语者组成。其中韩国留学生分为初级、中级和高级三个汉语水平。其中初级汉语水平15人（男7人，女8人），中级汉语水平15人（男4人，女11人），高级汉语水平15人（男4人，女11人），年龄在20—35岁之间，均来自北京语言大学。汉语母语者为北京语言大学的中国学生15人（男7人，女8人），都说标准的汉语普通话，年龄在22—30岁之间。所有被试受教育水平均在大学本科及以上。

3. 数据收集。

本研究让被试完成"大卫刷牙"和"帮助别人"看图说话任务。"刷牙"共有5幅图片，配有10组关键词，"帮助别人"共有4幅图片，配有12组关键词，其中关键词均为有拼音标注的汉字，主试要求被试在表达时要使用所有关键词。在表达任务之前，每名被试均有2分钟的准备时间。语料收集在安静的教室里面进行，用Praat语音软件进行录音。语音样本均采用16位单声道和44100Hz采样率。任务指导语包括汉语和韩语两种。

4. 因变量的测量。

流利度的测量包括三个方面：（1）速度流利度——a.平均语流长度，指平均每两个停顿之间的音节个数；b.语速，总音节个数除以语料时长；c.发音速度，总音节个数除以语料时长（不包括无声停顿和充实停顿）。（2）间断流利度——a.无声停顿的频率和时长，指发音时间为0.2秒及以上的无声停顿的频率和时间长度；b.充实停顿的频率和时长，指的是"嗯、啊、呃"等这类的停顿的次数和时间长度。（3）修复流利度——a.错误的开始，错误开始的次数除以AS单元的数量；b.重复，重复词或者语句的次数除以AS单元的数量；c.纠正，语音、词汇和语法方面的纠正的次数除以AS单元的数量。

5. 语料转写和标注。

利用Praat软件对每一位被试的看图说话口语产出语料进行标注。所有数据由经过3名受训练的汉语母语者进行转写。

6. 数据统计。

最后将标注的数据在SPSS软件中进行统计分析。本研究所使用的SPSS统计软件版本为V17。

（二）实验结果

1. 语言水平对速度流利度的影响。

单因素方差分析结果显示（表1-14），语言水平对速度流利度指标中的平均语流长度（MLR）影响极其显著（$F_{(3, 56)}$=59.286，p=0.000<0.001，η_p^2=0.761，对语速（SR）影响极其显著（$F_{(3, 56)}$=71.845，p=0.000<0.001，η_p^2=0.794，对发音速度（AR）影响极其显著（$F_{(3, 56)}$=32.027，p=0.000<0.001，η_p^2=0.632）。

Tukey-HSD事后检验发现：平均语流长度（MLR）在初级和中级之间差异不显著（p=0.549>0.05），在初级和高级、初级和母语者、中级和高级、中级和母语者以及高级和母语者之间差异极显著（p=0.000<0.01）。初级水平的平均语流长度明显低于高级水平和汉语

母语者，中级明显低于高级水平和汉语母语者，高级水平明显低于母语水平。语速（SR）在初级和中级差异不显著（$p=0.519>0.05$），在初级和高级、初级和母语者、中级和高级、中级和母语者以及高级和母语者之间差异极显著（$p=0.000<0.01$），初级水平的语速明显低于高级水平和汉语母语者，中级明显低于高级水平和汉语母语者，高级水平明显低于母语水平。发音速度（AR）在初级和中级差异不显著（$p=0.769>0.05$），在初级和高级、初级和母语者、中级和高级、中级和母语者以及高级和母语者之间差异极显著（$p=0.000<0.01$），初级水平的发音速度明显慢于高级水平和汉语母语者，中级明显慢于高级水平和汉语母语者，高级水平明显慢于汉语母语者。

表1-14 语言水平对速度流利度的影响（N=15）

因变量		初级 M（S.D）	中级 M（S.D）	高级 M（S.D）	母语者 M（S.D）
速度流利度	MLR	2.965（0.637）	3.50（0.667）	5.184（1.091）	7.918（1.725）
	SR	2.725（0.698）	3.187（0.667）	4.605（0.946）	7.201（1.248）
	AR	5.509（0.689）	5.923（0.753）	7.207（1.008）	9.323（1.858）

*MLR（mean length of run）为平均语流长度，SR（speech rate）为语速，AR（articulate rate）为发音速度。

2.语言水平对间断流利度的影响。

单因素方差分析结果显示（表1-15），语言水平对间断流利度指标中的无声停顿时长（SPT）影响极其显著（$F_{(3, 56)}=9.035$，$p=0.000<0.001$，$\eta_p^2=0.326$），对无声停顿频率（SPF）影响极其显著（$F_{(3, 56)}=7.220$，$p=0.000<0.001$，$\eta_p^2=0.279$），对充实停顿时长（FPT）影响显著（$F_{(3, 56)}=6.369$，$p=0.001<0.05$，$\eta_p^2=0.254$），对充实停顿频率（FPF）影响显著（$F_{(3, 56)}=5.636$，$p=0.002<0.05$，$\eta_p^2=0.232$）。

Tukey-HSD事后检验发现：无声停顿时长在初级和中级、中级和高级、高级和母语之间的差异不显著（$p=0.968>0.05$，$p=0.083>0.05$，$p=0.367>0.05$），在初级和高级、初级和母语者、中级和母语者之间差异显著（$p<0.05$），初级水平的无声停顿时长明显长于高级水平和母语者，中级水平明显长于母语者；无声停顿频率在初级和中级、初级和高级、中级和高级以及高级和母语者之间差异不显著（$p>0.05$），在初级和母语者之间差异显著（$p<0.05$），在中级和母语者之间的差异极其显著（$p<0.001$），初级、中级的无声停顿频率明显高于母语者；充实停顿时长在初级和中级、初级和高级、中级和高级、高级和母语者之间的差异不显著（$p>0.05$），在初级和母语者，中级和母语者之间的差异显著（$p=0.003<0.05$，$p=0.002<0.05$），初级、中级的充实停顿时长明显长于母语者；充实停顿频率在初级和中级、初级和高级、中级和高级、高级和母语者之间的差异不显著（$p=0.906>0.05$，$p=0.452>0.05$，$p=0.147>0.05$，$p=0.379>0.05$），在初级和母语者，中级和母语者之间的差异显著（$p=0.016<0.05$，$p=0.002<0.05$），初级、中级的充实停顿频率明显高于母语者。

表1-15　语言水平对间断流利度的影响（N=15）

因变量		初级 $M(S.D)$	中级 $M(S.D)$	高级 $M(S.D)$	母语者 $M(S.D)$
间断流利度	SPT	56.707（34.949）	52.951（17.553）	33.022（18.662）	19.618（11.657）
	SPF	46.63（19.695）	58.47（23.853）	44.5（15.675）	27.3（12.877）
	FPT	7.233（6.525）	7.338（7.366）	3.622（2.517）	0.399（0.725）
	FPF	14.66（15.424）	17.53（16.247）	8.33（5.936）	1.47（2.446）

*SPT（silence pause time）为无声停顿时长，SPF（silence pause frequency）为无声停顿频率，FPT（filled pause time）为充实停顿时长，FPF（filled pause frequency）为充实停顿频率。

3.语言水平对修复流利度的影响。

单因素方差分析结果显示（表1-16），语言水平对修复流利度指标中的错误的开始（FS）影响极显著（$F_{(3, 56)}=8.147$，$p=0.000<0.001$，$\eta_p^2=0.304$）；对重复（R）影响显著（$F_{(3, 56)}=4.201$，$p=0.009<0.05$，$\eta_p^2=0.184$），对修正（C）影响显著（$F_{(3, 56)}=6.370$，$p=0.001<0.05$，$\eta_p^2=0.254$）。

Tukey-HSD事后检验发现：错误的开始在初级和高级、初级和母语者、高级和母语者之间的差异不显著（$p=0.424>0.05$，$p=0.996>0.05$，$p=0.557>0.05$），在初级和中级、中级和高级、中级和母语者之间的差异显著（$p=0.000<0.001$，$p=0.030<0.05$，$p=0.001<0.01$），中级的错误开始的次数明显高于初级、高级和母语者；重复在初级和中级、初级和高级、中级和高级以及高级和母语者之间的差异不显著（$p>0.05$），在初级和母语者之间的差异显著（$p=0.041<0.05$），在中级和母语者之间差异极显著（$p=0.009<0.01$），初级水平和中级水平的重复次数明显高于母语者。修正在初级和高级、初级和母语者、中级和高级、高级和母语者之间的差异不显著（$p>0.05$），在初级和中级、中级和母语者之间差异显著（$p=0.042<0.05$），在中级和母语者之间差异极显著（$p=0.009<0.01$），初级水平修正次数低于中级水平，中级水平的修正次数明显高于母语者水平。

表 1–16　语言水平对修复流利度的影响（N=15）

因变量		初级 $M(S.D)$	中级 $M(S.D)$	高级 $M(S.D)$	母语者 $M(S.D)$
修复流利度	FS	0.53（0.743）	3.20（2.396）	1.47（1.506）	0.67（1.589）
	R	6.13（3.482）	7.20（7.912）	5.47（5.939）	0.87（1.187）
	C	3.07（2.434）	5.93（4.044）	3.80（2.624）	1.40（2.028）

*FS（fault start）错误的开始，R（repetition）重复，C（correction）修正。

（三）讨论

语言水平对速度流利度的影响是显著的。随着语言水平的提高，韩国留学生汉语口语的语速变快，平均语流长度变长，发音速度变快。这表明，韩国母语者汉语口语产出的速度流利度越来越快，但是高级水平学习者还是明显慢于汉语母语者。也就是说随着语言水平的发展，即使到了高级水平，学习者速度流利度表现还是达不到汉语母语者的水平。

语言水平对无声停顿时长比、充实停顿时长比和充实停顿影响显著，对无声停顿率影响不显著。随着语言水平的提高，间断流利度方面的发展较为缓慢。无声停顿时长比在初级和中级水平阶段发展较为缓慢，高级阶段接近汉语母语者水平；在无声停顿率方面，初级、中级和高级水平与汉语母语者之间的差异不大。但是，在充实停顿时长比和充实停顿率方面，初级、中级和高级之间差异不大，与汉语母语者之间却有很大的差异，这也就说明了随着语言水平的发展，充实停顿时长比和充实停顿率并没有得到显著发展，我们在陈默（2012）的研究中也看到了这样的结果。这说明学习者在充实停顿时长比和充实停顿率上的发展比较缓慢。造成这一结果的原因可能是第二语言学习者的言语产出不能达到像母语者那样的自动化程度，但是为了能够维持对话，他们需要遵守特定的时间组织原则，尤其是要避免长时间的停顿，学习者就会尽自己最大的努力使用各种各样的填充物，让母语者知道他们真的做出了努力（Kormos，2006）。

　　语言水平对修复流利度的影响是显著的。从错误开始率来看，中级水平错误开始率明显高于其他水平，但是初级、高级和汉语母语者之间错误开始率差异并不大。从重复率来看，高级水平的重复率最高，其次是初级和中级水平学习者，汉语母语者的重复率最低。从纠正率来看，中级水平的纠正率最高，其次是初级和高级水平学习者，汉语母语者的纠正率最低。综上所述，中级水平的学习者在错误的开始和纠正方面表现最差，也就是说这两个方面的发展还不稳固。这也许是因为，较高水平的学习者的确会增加重构、监控和自我修正的产出（Lennon，1990）。学习者在不断努力地产出像目的语一样的言语，Freed（1995）发现水平更高的被试，修复的标记更多。在试图进行言语表达时，当他们发现有些表达不合适的时候，他们就会对自己的言语进行重构，就会产出更多的错误的开始。所以，中级水平的学习者在错误的开始和修复上的频率较高，一方面表现出中级水平学习者对语言的控制能力较弱，言语的自动化程度还不高；另一方面也体现了学习者在这一阶段的自我监控能力加强。到了高级水平阶段，这两方面的能力进一步得到了加强，因此错误开始的频率和修正率会降低，流利度更高。另外，随着语言水平的发展，韩国留学生的重复频率并没有减少。可能是将重复作为一种停顿机制（Kormos，2006），一方面可以避免话语中停顿时间过长的尴尬；另一方面，随着语言水平的提高，学习者的速度流利度不断在提高，但是言语自动化程度还不能像汉语母语者一样，所以采用重复策略可以为下一个概念的表达赢取更长的时间，同时也是对前一概念的核查。

四、结论

第一，美国留学生汉语口语复杂度、准确度和流利度研究。复杂度、准确度和流利度特征三个维度的发展有各自的特点，同一维度下不同特征的发展程度也存在差异。对于复杂度而言，AS-units 句法等级没有显著进步，而其他复杂度特征均进步明显。对于准确度而言，句法和声调准确度发展得较慢，而其他准确度特征的发展均进步明显。对于流利度而言，无声停顿频率和充实停顿时长的发展无显著进步，其他流利度特征的发展进步明显。而且，复杂度中的 AS-units 词语个数和小句个数、准确度中的声母和韵母准确度以及流利度中的充实停顿频率已经接近汉语母语者水平。

言语任务本身的认知要求在一定程度上制约了口语复杂度、准确度和流利度的发展，导致一些特征较晚才能被习得。例如美国留学生 AS-units 句法等级发展缓慢，使用的词汇等级明显低于汉语母语者，句法准确度和声调准确度较低。因为一个结构上复杂的句子或者一个难度更高的词汇在被产出时，需要运用更多的认知资源，所以导致这些特征较晚被习得。而且，不同语言层面习得的难度、速度以及路径可能是不同的。

复杂度、准确度和流利度之间存在着一定的相互作用，呈现出竞争和合作的关系。而且，不同语言水平的复杂度、准确度和流利度的相互作用模式既存在着共性，也存在着差异。共性表现在，复杂度跟语音准确度之间的负相关关系以及复杂度和流利度之间的负相关关系。差异性体现在，中级被试的准确度和流利度之间不存在显著相关关系，高级被试的流利度和语音准确度之间有相关性，汉语母语者的准确度跟复杂度不存在显著相关关系。另外，不同维度特征跟其他维度特征的相关程度不是简单的线性关系。例如汉语母语者的复杂度和流利度之间既存在着负相关关系，又存在着正相关关系。

　　第二，韩国留学生汉语口语复杂度研究。韩国留学生需要更长时间来发展句法复杂度，句法复杂度子维度的发展模式是不同的，单元词语数量呈线性增加趋势，单元分句数量发展缓慢。尽管语言水平对词汇多样性影响不显著，但语言水平和词汇等级共同影响词汇使用，初级更关注甲级词，中、高级开始注意乙级词；韩国留学生的词汇分配趋势一致；高级的词汇多样性和难度均接近于汉语母语者。词汇跟句法复杂度间存在着从支持到竞争关系的变化；句法复杂度子维度间存在着从无相关到合作关系的变化，词汇复杂度子维度间存在着从竞争和合作的并存到竞争关系的变化。本研究进一步证实了动态系统理论观点：学习者的语言系统是一个动态的非线性系统（Larsen-Freeman, 2006），构成系统的变量之间存在着竞争与合作关系。本研究还可以为对外汉语教学提供一些建议，例如在初级课的教学中，教师不仅要关注词汇复杂度，还要关注句法复杂度。教师可以通过任务教学法，使学习者有意识地关注自己语言形式的复杂度，然后通过大量练习，使跟复杂度有关的言语知识程序化、自动化，从而提高言语复杂度。

　　第三，韩国留学生汉语口语流利度研究。流利度在各维度上的发展并不都是线性的。随着语言水平的提高，速度流利度得到了显著的提高，在间断流利度方面发展缓慢，修复流利度方面也没有显著进步，在中级、高级阶段出现了退步的情况。

第二章　句法和长度因素与
第二语言口语流利度研究

自然而流利的话语是第二语言学习者口语习得的主要目标之一，却也是学习者遇到的难点之一。这是因为，在即时的话语语流中，学习者很难确定停顿或者说是单位边界的位置和数量（Trofimovich & Baker，2006；曹剑芬，2011）。一般来讲，他们会犯两类错误：(1) 在不恰当的位置停顿；(2) 停顿的次数过多。如：

（1）小明吃了一碗米饭。

如果这个句子的停顿是"小明吃 / 了一 / 碗米饭"（斜线表示停顿），那么"了一"作为一个语言单位是没有意义的，也是不符合句法的。如果单位边界的分布是"小明 / 吃 / 了 / 一碗 / 米饭"，所有的单位都是有意义且符合句法的，可是这个句子的停顿过多，单位长度太短，会影响口语的流利性，致使正常的理解与交流受阻。这两类错误提出了两个值得进一步探讨的理论问题，一是句法结构，包括句法成分性质和句法结构复杂度与口语流利度的关系，二是句法成分长度与口语流利度的关系。

句法和长度是影响第二语言口语流利度的两个主要因素（Truckenbrodt，1999；Selkirk，1986a，2000）。句法因素，也就是句法成分本身和成分之间的关系，被认为是最根本的影响因素。这是因为，口语单位必须是符合句法结构的单位，否则其边界会被母语者判定为不合法（周明强，2002）。长度作为一种非语言性质的因素，则被用来平衡相邻单位边界之间的距离，使话语中的信息焦点分布更均衡，交流更自然（Gee & Grosjean，1983；Dong et al.，2005）。长度因素的制约在第二语言的产出中更为明显，因为相较于句法，长度是更普遍的一种跨语言的影响因素。

句法和长度之间的关系也是口语流利度影响因素的热门话题之一。一种观点认为，句法单位和口语单位之间有直接的对应关系，即口语单位边界的位置和强度可由其在句法结构中的位置和强度决定（Cooper & Paccia-Cooper，1980）。持这种观点的研究者认为，口语单位边界的形成只是在句法单位边界上附加语音特征，例如音高重置和音节延长。相反，另一种观点认为，句法单位和口语单位之间的关系是间接的，由词类、语法功能、语序和单位长度等从中调节（Selkirk，1986b）。Bachenko & Fitzpatrick（1990：156）曾举过两个例子：

（2）This is /NP the cat that caught /NP the rat that stole /NP the cheese.

（3）This is the cat / that caught the rat / that stole the cheese.

同样的一个句子，例（2）的单位边界是句法层面上的，而例（3）的单位则是口语层面上的。相较而言，例（3）的结构比例（2）更为扁平，每个单位的长度也几乎相同。Grosjean et al.（1979：59）将例（3）这种结构称为"表达结构"，以用来区别于传统的句法结构。在表达结构中，句法因素和长度因素相互制约。也就是说，说话者在口语表达中，需要遵循一定的句法结构，同时也得兼顾长度对口语单位边界的影响。

在句法和长度因素作用于组块过程这一问题上，Lu et al.（2016：37）将基于组块而建立的人工语言与自然的汉语相比较，结果发现，组块能通过降低加工资源消耗，来降低句法复杂度对句子产出的影响。这种作用是通过句法成分之间的词语数量，也就是论元之间的距离，来量化的。这种距离的最小化能通过论元本身及其之间的投射和组块实现。这一研究结果证实了组块在建构口语表达结构过程中的有效性，这也是语言作为自适应系统，为达到口语产出的流利性而采取的措施之一。当然，这种组块技能是否适用于自然的第二语言产出，还值得进一步研究。

本研究从组块的认知加工出发，探究句法因素和长度因素对学习者的汉语口语流利度的影响。以母语为英语的学习者作为研究对象，是出于以下几点考虑：首先，英语是典型的无声调语言，以重音为主导形成口语表达结构；而汉语是声调语言，多以停延作用于口语表达结构（刘现强，2007；王洪君，2008）。对于母语为英语的学习者来说，汉语口语表达结构的习得难度可想而知。再有，本研究的探测性实验发现，在汉语口语句子的停顿次数和位置上，母语为英语的学习者与汉语母语者相比差异显著，不同汉语水平的学习者的组块表现，随着任务难度的递增而呈现不同程度的变化。这就更增加了从组块的角度考察这一类的学习者的汉语口语流利度的可能性和必要性。

根据 Bachenko *et al.*（1986：147）对句法因素的界定，本研究中的句法因素分为两种——句法成分本身和成分之间的关系。句法成分指的是主语、谓语、宾语、定语、状语等，它们由名词、动词、形容词、副词、代词等词类来充当，构成了句法结构的基本单位。另一种句法因素则是句法成分之间的关系，例如动词与其论元之间的关系。这些主要由句法结构的复杂度来体现，是处于较高层级的句法影响因素。Jun（2002）发现，在韩语母语者的口语句子产出过程中，如果一个句子的句型较为复杂，例如双宾语的句子，那么这种句型会削弱词之间，尤其是隶属不同的句法成分的词之间的连接，从而显现出句法结构的复杂度对组块的影响。所以说，句法成分之间关系可以用句型的复杂度来量化。

为了进一步探究句法因素和长度因素对汉语学习者汉语口语流利度的影响，本研究通过三项口语产出实验研究来考察以下三个问题：

第一，学习者在产出含有不同句法成分的句子时的表现如何？句法成分本身的性质对学习者的汉语口语流利度有什么影响？

第二，学习者在产出简单句和复杂句时的表现如何？句型的复杂度对学习者的汉语口语流利度有什么影响？

第三，学习者在产出含有不同长度的修饰语的句子时表现如何？句法成分的长度对学习者的汉语口语流利度有什么影响？

一、句法成分性质对口语流利度的影响

本部分主要探讨第一个问题，即考察在句法成分长度和句子类型相同的条件下，母语为英语的学习者在产出含有不同句法成分的句子时的停顿率和语流长度。目的是考察句法成分本身对学习者的第二语言口语流利度的影响。

（一）研究方法

1.实验设计。

本实验采用2×3两因素混合实验设计。

因素一：句法成分本身的性质，被试内变量，分为包含附属句法成分和不包含附属句法成分两个水平。附属句法成分指的是除了主语、谓语、宾语以外的句法成分，比如状语和补语。

因素二：汉语水平，被试间变量，分为低水平、高水平和母语者三个水平。

因变量：句子内部的停顿率和语流长度。

2.被试。

被试总人数为45人，其中低水平学习者15人（8男7女），高水平学习者15人（10男5女），汉语母语者15人（5男10女）。本实验采用 Plonsky & Oswald（2014）从 346 个一手实证性研究和 91 个元分析（meta-analysis）研究中得出的专门针对第二语言习得研究中平均数差异的统计效应量 d 评估方法，将 0.4、0.7 和 1.0 视为低、中、高效应量的下限阈值，而不采用行为实验研究中常用的 0.2、0.5、0.8（Cohen，1988）。根据 G*power 统计软件中的计算结果，如果要达到中等的效应量（d=0.7），并同时具备 0.80 的多因变量的混合实验（一个被试内因素两个水平，一个被试间因素三个水平）方差分析检验效能，那么至少需要 45 名被试参与其中。本实验的被试数量符合预估的要求。所有被试均为北京某高校的本科生或者是硕士研究生。学习者来自美国、英国、加拿大和澳大利亚这四个以英语为母语的国家，他们在 16 岁以前没有接触过或者学过汉语。学习者的个人信息和汉语学习情况如表 2-1 所示。

表 2-1 被试的个人信息和汉语学习情况

	低水平学习者			高水平学习者			母语者		
	M	*SD*	*Range*	*M*	*SD*	*Range*	*M*	*SD*	*Range*
年龄	3.0	3.3	20—32	26.9	4.1	22—35	24.3	2.0	22—28
在中国学习汉语的时间（年）	0.9	0.5	0.3—1.3	4.0	0.6	3.3—5.3	—	—	—
学习汉语的总时长（年）	2.0	0.7	1.3—3.3	5.3	1.7	3.3—8.0	—	—	—
入学考试总分（%）	83.0	6.2	70—92	93.3	2.6	89—98	—	—	—
口语入学考试分数（%）	82.8	7.0	70—94	93.0	3.0	88—98	—	—	—

3. 实验材料。

一共 20 个主谓单句，按照句法成分本身的性质分为两组。分组的量化依据为句中是否具有除主语和谓语（包含宾语）以外的句法成分，例如时间副词和表示地点的介词短语做状语或补语。这些句法成分通常被称为句子的附属成分，而非论元结构中的主要成分。在口语产出中，说话者常常在这些附属成分的前后停顿来表示口语单位的边界。不过，当这些附属成分的长度较短时，它们也可以和主要句法成分一起形成一个大的组块（Bachenko & Fitzpatrick，1990）。在本实验中，一组句子只包含主语和谓语（包含宾语）两种句法成分，其中谓语又分为动词性谓语和形容词性谓语。另一组句子则包含主语、谓语以及用副词性短语或介词性短语构成的状语或补语。两组句子的具体实例如下。

不含有附属句法成分的句子：

（4）他哥哥吃了两个面包。

包含附属句法成分的句子：

（5）他常常在学校食堂吃饭。

考虑到在线加工过程中工作记忆容量的大小（Miller，1956），本实验的句子字数控制在9—16个之间。不含有附属句法成分的句子（$M=7$，$SD=1.1$）和含有附属句法成分的句子（$M=7.4$，$SD=1.1$）在句法词的数量上没有显著差异（$\chi2=1.143$，$p=0.767$，$\varphi=0.239$）。句中所有的字词都是被试之前学过的。在正式实验开始的前一天，研究者会给被试一个词表，里面包含了所有出现在实验句中的词及其发音、意思和汉字。如果被试对某些词不熟悉或者说不认识，研究者会一一解答。这样做是为了保证被试在实验开始之前具备完成实验所需的词汇和语法知识，也降低了非自变量的因素，例如词汇知识，对被试在实验中的汉语口语流利度的影响。

4. 实验任务和步骤。

本实验的任务是看后复述句子，即在没有上下文语境的情况下，被试看到并在规定时间内熟悉屏幕上所呈现的句子，等句子消失之后，在规定时间内复述这个句子。采用这一实验任务，主要是因为它能近似模拟自然状态下的句子产出，与此同时，又能允许研究者对句子材料和实验过程进行控制。

实验在安静的房间进行。实验程序由 E-prime 2.0 运行，每个实验句随机呈现一次。正式实验开始之前有三组练习。实验开始之后，电脑屏幕上首先呈现由程序随机选择出来的一个实验句，此时被试看到句子但不进行朗读。5000 毫秒以后，句子消失，出现 5000 毫秒的白屏。此时被试需要在 5000 毫秒之内复述出刚才看到的句子，而后进入下一个句子。如果被试不能在规定时间内复述完整个句子，实验程序依旧继续运行，但他们在 5000 毫秒以外复述出来的词不被计入该句子的复述结果之中。句子复述完整率在 85% 以下的被试数据会被剔除。本实验中所有被试的复述完整率均在 85% 以上，故所有被试的数据被保留。Cool edit pro 2.0 记录下被试的句子复述情况。整个实验过程持续 7—8 分钟。

5. 数据分析。

数据采集完成之后，研究者根据两名不参与实验的汉语母语者的听感，确定被试的口语单位边界，据此计算出句子的停顿率和语流长度。计算公式如下：

停顿率 = 句子内部的语流间断次数 ÷ 音节总数
语流长度 = 句子内部句法词的个数 ÷ 组块个数（单位：词）

此外，利用没有经过训练的母语者的听感知觉，来判断说话者的口语单位边界，这样得到的结果与说话者实际产出的单位边界具有较高的一致性（Pijper & Sanderman 1994；王蓓、杨玉芳、吕士楠，2004）。两名判断者的一致率为 95%，另外 5% 有分歧的地方则通过两人商议最后达成一致。停顿率和语流长度的计算是基于被试实际产出的句子的，也就是说，这些句子可能在原始句子的基础上进行了添词、减词、重复词或者替换词的操作。接近半数的母语者在产出实验句时没有作句子内部的停顿，所以母语者被试组的平均停顿率非常低。

数据的统计分析由 SPSS 25.0 中的重复测量方差分析来完成。假设检验的显著性水平设定为 0.05，即在零假设为真时错误地拒绝零假设的概率为 5%。因为停顿率和语流长度均不是严格意义上的定距变量，所以研究者在统计分析之前对数据进行了对数转换，使得数据的分布更接近于正态，误差变异更小。对数转换公式为 Y'=log10（Y + 1）。在实验结果的分析过程中，推理统计采用的是转换后的数值，而描述性统计则采用转换前的原始数值。

（二）实验结果

对停顿率进行的方差分析结果显示，句法成分性质的主效应显著（$F_{(1, 42)}$=28.307，p<0.001，η_p^2=0.403），汉语水平的主效应显著（$F_{(2, 42)}$=107.832，p<0.001，η_p^2=0.837），句法成分性质和汉语水平的交互作用也显著（$F_{(2, 42)}$=5.377，p=0.008，η_p^2=0.204）。经 Bonferroni 校正后的简单效应检验显示，低水平学习者在产出含有附属句法成分的句子时的停顿率（M=0.225，SD=0.061）要比不含有附属句法成分的句子的停顿率（M=0.176，SD=0.046）高，$F_{(1, 42)}$=23.206，p<0.001，η_p^2=0.356。高水平学习者的情况也一样——含有附属句法成分的句子的停顿率（M=0.097，SD=0.054）比不含有附属句法成分的句子的停顿率（M=0.060，SD=0.043）高，$F_{(1, 42)}$=15.660，p<0.001，η_p^2=0.272。与学习者不同的是，母语者在产出两类句子时的停顿率没有显著差异。这说明，在停顿率这一指标上，两组学习者的句子产出均受句法成分本身性质的影响。如果句中含有除主谓宾以外的附属句法成分，那么句子的停顿率就高，学习者的口语流利度就低，而母语者则不受影响。

在语流长度上的情况也类似。除了显著的句法成分性质的主效应（$F_{(1, 42)}$=25.949，p<0.001，η_p^2=0.382）和汉语水平主效应（$F_{(2, 42)}$=141.033，p<0.001，η_p^2=0.870）以外，句法成分性质和汉语水平的交互作用也显著（$F_{(2, 42)}$=7.954，p=0.001，η_p^2=0.275）。经 Bonferroni 校

正后的简单效应结果显示，低水平学习者在产出含有附属句法成分的句子时的平均语流长度（$M=2.350$，$SD=0.457$）要比不含有附属句法成分的句子的（$M=2.754$，$SD=0.468$）短，$F_{(1,42)}=17.295$，$p<0.001$，$\eta_p^2=0.292$。同样，高水平学习者在产出含有附属句法成分的句子时的平均语流长度（$M=4.131$，$SD=1.189$）也要比不含有附属句法成分的句子的（$M=4.828$，$SD=1.140$）短，$F_{(1,42)}=24.482$，$p<0.001$，$\eta_p^2=0.368$。母语者的平均语流长度在产出这两类句子时没有统计意义上的显著差异。更与学习者所不同的是，母语者在含有附属句法成分的句子中的语流长度（$M=7.214$，$SD=0.439$）在数值上要长于不含有附属句法成分的句子中的语流长度（$M=6.880$，$SD=0.495$）。

以上结果表明，在语流长度这一指标上，两组学习者的句子产出均受句法成分本身性质的影响。如果句中包含除了主谓宾等主要句法成分之外的附属句法成分，那么这些句子的平均语流长度就相对较短，句子的流利度也就相对较低，而母语者则不受影响。从描述性的统计结果上看，附属句法成分在句中的出现使得学习者的平均语流长度缩短，而相同条件下母语者的平均语流长度反而增加。高水平学习者在产出两组句子时的语流长度标准差都要比低水平学习者和母语者的高，说明在语流长度这一指标上，高水平学习者的口语流利度表现不太稳定。

（三）讨论

实验一的结果表明，两组学习者的口语流利度均受句子内部句法成分性质的影响。当句中加入了状语、补语等附属句法成分时，学习者的句内停顿率变高，语流长度变短。这种句法因素的影响可以从句法结构的层级约束中得到解释：在汉语中，与主语、谓语等句子主干的句法成分相比，状语和补语不是句子的必要成分。如果一个句子中有这些附属的句法成分，那么这个句子的句法结构分支相对来讲就比较多。相应的，句中所容纳的句法单位节点数也越多，单位边界就显得更复杂，将这些句法成分从左到右线性组合起来的加工难度就越大

（Gee & Grosjean，1983；曹剑芬，2003）。这些句法限制对于母语者来说没有太大影响，因为他们的汉语句子产出已经自动化了。从本实验的结果来看，两组学习者的汉语口语句子产出尚未自动化，所以句中附属句法成分的加入对其口语流利度有明显的负面影响。

从流利度指标上看，语流长度的结果要比停顿率的复杂一些。两组学习者的组块均随着附属句法成分的加入而变小，相反，学习者的组块却变大。这说明，学习者和母语者所采取的组块策略并不相同。这一结论还需后面两个实验的数据加以支撑。和其他两组被试相比，高水平学习者在平均语流长度上的变异性最大，而其停顿率的变异性却没有那么大。这可能是停顿率和语流长度计算时所采取的单位不同所致。停顿率的基础单位是音节，语流长度的基本单位则是句法词。也就是说，不符合句法的句法词内部的停顿，例如将"小明"分成"小"和"明"两个无意义的音节，是不纳入语流长度的计算范围内的，而这些却都包括在停顿率的计算之中。因此，停顿率只能反映音节在语音上的连接，而语流长度则涵盖了语音、句法和语义上的考量。所以说，语流长度所反映出的口语流利度问题更全面、更复杂，而这些问题会随着学习者汉语水平的提高而逐渐显现出来。

二、句法结构复杂度对口语流利度的影响

本部分探讨第二个问题，即考察母语为英语的学习者，在产出不同复杂程度以及不同长度的句型时的停顿率和语流长度，以此来看句法成分之间的关系和单位长度对学习者第二语言口语流利度的影响。关于句子复杂度的测量，汉语与英语不同，其句法成分之间的关系复杂度主要体现在句型而不是 T 单位长度上，句型越特殊，其结构复杂度就越高（Larsen-Freeman & Strom，1977；Larsen-Freeman，1978；王佶旻，2002；高立群，孙慧莉，2007）。因此，本研究主要通过特

殊句式来考查其对停顿率和语流长度的影响。

（一）研究方法

1. 实验设计。

本实验采用2×2×3三因素混合实验设计，选取了以下三个自变量：

（1）句型复杂度，被试内变量，分为简单句和复杂句两个水平。主谓句是简单句的代表，兼语句和连动句这两种特殊句型则作为复杂句的代表。

（2）句子长度，被试内变量，分为短句和长句两个水平。

（3）汉语水平，被试间变量，分为低水平、高水平和母语者三个水平。

与实验一相同，本实验的因变量为句子内部的停顿率和语流长度。

2. 被试。

实验二和实验一是同一批被试。所有被试在做完实验一以后再做实验二。

3. 实验材料。

一共40个单句，即没有从句的句子。句中的所有词均为学习者学过的词。其中20个句子为主谓简单句，又根据句中句法词的多少分为短主谓句（M=6.5，SD=1.3）和长主谓句（M=9，SD=1.1）。卡方检验显示，这两组主谓句在句法词数量上存在显著差异（χ^2=11.667，p=0.040，φ=0.764），也就是说，这两组句子的长度差异显著。其余20个句子为复杂句，以汉语中的连动句和兼语句为代表。和简单主谓句相比，这两种句子的句法结构中有更多的成分分支，主要动词与其论元之间的距离更远，所以它们的句法结构关系也更复杂。这20个复杂句也根据句中句法词的多少分为短复杂句（M=6.6，SD=1.0）和长复杂句（M=9.7，SD=1.1）。卡方检验显示，这两组复杂句在句法词数量上也存在显著差异（χ^2=20.000，p=0.006，φ=1.000）。与此同时，短主谓句和短复杂句在句法词数量上不存在统计意义上的显著差异（χ^2=1.867，p=0.760，φ=0.306）；同样的情况也出现在了长主谓句和长复杂句之间（χ^2=6.667，p=0.247，φ=0.577）。对实验句的长度进行这样的控制，既保证了关键变量水平之间的差异性，又减少了无关变量对实验结果的影响。连动句和兼语句的举例如下。

连动句：

（6）我明天坐飞机去上海开个会。

兼语句：

（7）我要感谢你告诉我这个消息。

4. 实验任务和步骤。

实验二的任务和步骤与实验一相同。由于实验句的数量比实验一的多出一倍，整个实验过程持续15分钟左右。

5. 数据分析。

数据统计分析的步骤与实验一相同。两名不参与实验的母语者的听感判断一致率为92%，另外8%有分歧的地方通过两人商议后达成一致。本实验的数据也进行了对数转换，转换公式为Y'=log10（Y+1）。

（二）实验结果

对停顿率进行的方差分析结果显示，句法结构复杂度和汉语水平的交互作用显著（$F_{(2, 42)}$=10.167，p<0.001，η_p^2=0.326）。经Bonferroni校正后的简单效应检验结果显示，低水平学习者的复杂句的停顿率（M=0.256，SD=0.057）比简单句的（M=0.209，SD=0.065）高，$F_{(1, 42)}$=43.844，p<0.001，η_p^2=0.511。高水平学习者也一样，其产出的复杂句的停顿率（M=0.104，SD=0.044）要比简单句的（M=0.082，SD=0.045）高，$F_{(1, 42)}$=28.996，p=0.001，η_p^2=0.224。母语者在两类句子中的停顿率没有统计意义上的显著差别。这表明，在停顿率这一指标上，两组学习者的句子产出均受句法结构复杂度的影响，句法成

分之间的关系越复杂，学习者的停顿率就越高，其句子的流利度也就越低，而母语者则不受影响。

句子长度和汉语水平的交互作用也显著（$F_{(2, 42)}$=7.529，p=0.002，η_p^2=0.264）。经 Bonferroni 校正后的简单效应检验结果显示，低水平学习者在长句中的停顿率（M=0.255，SD=0.054）比短句的（M=0.210，SD=0.069）高，$F_{(1, 42)}$=41.124，p<0.001，η_p^2=0.495。同样的，高水平学习者长句的停顿率（M=0.103，SD=0.048）也比短句的（M=0.084，SD=0.042）高，$F_{(1, 42)}$=8.823，p=0.005，η_p^2=0.174。母语者在两类句子中的停顿率没有统计意义上的显著差别。这表明，在停顿率这一指标上，两组学习者的句子产出也受长度的影响，句子越长，学习者的停顿率就越高，其句子的流利度也就越低，而母语者则不受影响。

三个自变量的主效应均显著，即句法结构复杂度（$F_{(1, 42)}$=35.751，p<0.001，η_p^2=0.460），句子长度（$F_{(1, 42)}$=35.870，p<0.001，η_p^2=0.461）和汉语水平（$F_{(2, 42)}$=166.492，p<0.001，η_p^2=0.888）。句法结构复杂度和句子长度的交互作用不显著。句法结构复杂度、句子长度和汉语水平的三重交互作用也不显著。

对语流长度进行的方差分析结果显示，句法结构复杂度和汉语水平的交互作用显著（$F_{(2, 42)}$=4.616，p=0.015，η_p^2=0.180）。经 Bonferroni 校正后的简单效应检验结果显示，低水平学习者在复杂句中的平均语流长度（M=2.172，SD=0.325）比简单句中的（M=2.396，SD=0.540）短，$F_{(1, 42)}$=7.866，p=0.008，η_p^2=0.158。高水平学习者也一样，其产出的复杂句的平均语流长度（M=4.021，SD=1.047）要比简单句的（M=4.362，SD=1.196）短，$F_{(1, 42)}$=8.148，p=0.007，η_p^2=0.162。母语者在这两类句子中的平均语流长度没有统计意义上的显著差异。这说明，在语流长度这一指标上，两组学习者的句子产出受句法结构关系复杂度的影响，句法成分之间的关系越复杂，学习者的平均语流长度反而越短，其句子的流利度也就越低，而母语者则不受影响。

句子长度和汉语水平的交互作用也显著（$F_{(2, 42)}$=41.721，p<0.001，

η_p^2=0.665）。经 Bonferroni 校正后的简单效应检验结果显示，低水平学习者在产出长句和短句时的平均语流长度没有统计意义上的显著差异。与停顿率的情况所不同的是，高水平学习者在长句中的平均语流长度（M=4.364，SD=1.296）要比短句的（M=4.019，SD=0.921）长，$F_{(1, 42)}$=5.670，p=0.022，η_p^2=0.119。母语者长句的平均语流长度（M=8.556，SD=0.915）也比短句的（M=6.398，SD=0.311）长，$F_{(1, 42)}$=117.227，p<0.001，η_p^2=0.736。这表明，在语流长度这一指标上，高水平学习者和母语者一样受长度的正面影响，句子越长，平均语流长度就越高，其句子的流利度也就越高，而低水平学习者则不受影响。

与停顿率的情况相同，句法结构复杂度（$F_{(1, 42)}$=7.577，p=0.009，η_p^2=0.153）、句子长度（$F_{(1, 42)}$=42.919，p<0.001，η_p^2=0.505）和汉语水平（$F_{(2, 42)}$=213.542，p<0.001，η_p^2=0.910）的主效应均显著。句法结构复杂度和句子长度的交互作用不显著。句法结构复杂度、句子长度和汉语水平的三重交互作用也不显著。

（三）讨论

实验二的结果表明，两组学习者的口语流利度均受句法成分之间的关系复杂度的影响。当句法结构关系较为复杂时，学习者产出的停顿率较高，语流长度较短，整体的口语流利度较低。句子长度也对学习者的口语流利度有影响，只是其影响效力没有句法结构复杂度那么强。句法结构的关系复杂度和句子长度之间没有显著的相互作用。这一结果与先前第一语言口语研究和计算机言语产出模型模拟的结果一致——句法是相较于长度来说更为核心的影响因素。句法结构决定了口语单位内部词语之间的连接强度，而长度因素只是在最后的成句阶段对口语单位边界之间的距离进行调整（Jun, 2002；Dong et al., 2005）。

这一次，两组学习者的停顿率和语流长度在长度因素的影响下呈现了不一致的变化趋势。低水平学习者的停顿率受到了句子长度的负面影响——句子成分之间的关系越复杂，其产出的停顿率就越高。可是与此同时，低水平学习者的语流长度却没有显著变化。对于高水平学习者来说，句子成分之间关系越复杂，停顿率也越高。然而，高水平学习者的语流长度却没有受到这样的负面影响，反而和母语者一样，句子越长，产出的平均语流长度也越长。这些结果可以从两个方面给予解释。一方面，语流长度是相较于停顿率来说更为高级的口语流利度指标，因为它不仅涉及音节间的语音连接，还和句法结构影响下句法成分的线性组合和语义表达有关。因此，语流长度更能反映第二语言口语产出背后的认知加工机制。另一方面，长度是相对于句法结构复杂度来说影响力较小的因素，高水平学习者的组块加工能力要比低水平学习者的强，所以也更有可能克服句子长度对其汉语口语流利度的负面影响。相反，句法结构复杂度的影响力较大，两组学习者的口语流利度在实验中均受其负面的影响。这和实验一的结果一致。

三、句法成分长度对口语流利度的影响

本部分探讨第三个问题，即考察在句法成分和句子类型相同的条件下，母语为英语的学习者产出具有不同修饰语长度的句子时的停顿率和语流长度，以此来看句法成分的长度对学习者第二语言口语流利度的影响。

（一）研究方法

1. 实验设计。

本实验采用 2×3 两因素混合实验设计，选取了以下两个自变量：

（1）句法成分长度，被试内变量，分为短修饰语和长修饰语两个水平。

（2）汉语水平，被试间变量，分为低水平、高水平和母语者三个水平。

本实验的因变量与前两个实验的相同，即句子内部的停顿率和语流长度。

2.被试。

实验三与前两个实验使用的是同一批被试。所有被试在做完实验一和实验二以后,再做实验三。

3.实验材料。

一共20个主谓单句,按照名词修饰语中句法词的多少分为长句(M=6.5,SD=0.7)和短句(M=8.9,SD=1.0)两类。这些名词在句中充当主语或宾语,其修饰语则充当定语。卡方检验显示,这两类主谓句在句法词的数量上存在统计意义上的显著差异(χ^2=16.571,p=0.005,φ=0.910)。两类句子的例句如下。

修饰语较短的句子:

(8)他们看见了一只熊猫。

修饰语较长的句子:

(9)他学了三个月的汉语口语。

4.实验任务和步骤。

实验三的任务和步骤与实验一的相同。整个实验过程持续7—8分钟。

5.数据分析。

数据统计分析的步骤与实验一的相同。两名不参与实验的母语者对被试产出的单位边界的听感判断一致率为96%,另外4%有分歧的地方则通过两人商议后达成一致。本实验的数据进行了对数转换,转换公式为Y'=log10(Y+1)。

(二)实验结果

对停顿率进行的方差分析结果显示,修饰语长度的主效应不显著,但汉语水平的主效应显著($F_{(2, 42)}$=117.123,p<0.001,η_p^2=0.848),

修饰语长度和汉语水平的交互作用显著（$F_{(2,42)}$=3.847，p=0.029，η_p^2=0.155）。经 Bonferroni 校正的简单效应结果显示，低水平学习者在产出修饰语较长的句子时的停顿率（M=0.191，SD=0.051）要比修饰语较短的句子的（M=0.164，SD=0.047）高，$F_{(1,42)}$=10.889，p=0.002，η_p^2=0.206。高水平学习者和母语者在产出这两类句子时的停顿率没有统计意义上的显著差异。这表明，在停顿率这一指标上，低水平学习者的句子产出受句法成分长度的影响，句中修饰语的长度越长，学习者的停顿率就越高，其口语流利度也就越低，高水平学习者和母语者则不受影响。

对语流长度进行的方差分析结果显示，修饰语长度的主效应显著（$F_{(1,42)}$=109.913，p<0.001，η_p^2=0.724），汉语水平的主效应显著（$F_{(2,42)}$=144.656，p<0.001，η_p^2=0.873），修饰语长度和汉语水平的交互作用也显著（$F_{(2,42)}$=12.535，p<0.001，η_p^2=0.374）。经 Bonferroni 校正的简单效应结果显示，低水平学习者在产出修饰语较长的句子时的平均语流长度（M=2.929，SD=0.611）要比修饰语较短的句子的（M=2.664，SD=0.479）长，$F_{(1,42)}$=5.092，p=0.029，η_p^2=0.108。高水平学习者也一样，在修饰语较长的句子中的平均语流长度（M=5.488，SD=1.390）要比修饰语较短的句子的（M=4.288，SD=0.927）长，$F_{(1,42)}$=44.053，p<0.001，η_p^2=0.512。这一次，母语者与两组学习者的表现一致，即修饰语较长的句子的平均语流长度（M=8.662，SD=0.579）要长于修饰语较短的句子的语流长度（M=6.328，SD=0.330），$F_{(1,42)}$=85.838，p<0.001，η_p^2=0.671。这说明，在语流长度这一指标上，两组学习者和母语者均受修饰语长度的影响。不过这种影响是正面的，也就是说，句中修饰语的长度越长，被试的平均语流长度就越长，其口语流利度也就越高。

（三）讨论

实验三证实了句法成分长度对学习者的汉语口语流利度的影响，不过其影响表现要分不同的流利度指标和不同汉语水平的学习者来讨论。低水平学习者的停顿率受到句法成分长度的负面影响,句中的修饰语越长,其产出的停顿率就越高,口语流利度也就越低。可是,在语流长度这一指标上,句法成分长度的影响是正面的。句中的修饰语越长,学习者的平均语流长度就越长,口语流利度也就越高。对高水平学习者来说,句法成分长度对其停顿率没有显著影响,而修饰语的长短对其语流长度的影响则是正向的——句中的修饰语越长,学习者的平均语流长度就越长,口语流利度也就越高。高水平学习者在本实验中的表现与母语者的一致,虽然在停顿率和语流长度的绝对数值上,他们还没有达到与母语者相当的水平。

所以说,长度因素对学习者的汉语口语流利度的负面影响,并没有句法因素来得那么强。这说明,单位长度,作为一种非语言性质的影响因素,在第二语言的组块过程中只是起着一个"调节者"的角色,在表词达意方面不起主要作用。Breen et al.(2011)在考察语调短语内部的单位边界时发现,英语母语者不是依据平衡假设,将语调短语切分成长度相当的单位,而是依据意义假设,在较长的单位末尾设定边界,使这一部分的表意较为完整。Breen 等人所说的基于意义的假设,实际上是基于句法成分之间的关系完整性的假设。为保证组块之后句法成分表意的完整性,句法成分长度的影响效力只能让位于其他与语言本身更相关的因素,例如句法成分本身的性质、成分之间的关系等。

四、结论

本研究证实了句法因素和长度因素对母语为英语的学习者的汉语口语流利度的影响。具体来说,句法因素中的句法成分本身和成分之间的关系复杂度都对学习者的口语流利度有负面影响,句中的附属句法成分越多,成分之间的关系越复杂,学习者的口语流利度就越低。高水平学习者和低水平学习者均受到这种负面影响。另一方面,长度作为一种非语言性质的因素，对学习者口语流利度的负面影响不如句法因素来得那么强烈，尤其是反映在语流长度这一指标上。这种长度的调节，不是为了实现口语单位的等时性，即口语单位的长度都是一样的，而是用来保证实际语言产出的自然性。经长度因素调节而成的句内单位边界的分布，更符合母语者的听感（曹剑芬，2001）。

对汉语口语流利度的测量指标来说，语流长度是以句法词为单位而非仅仅是音节来进行计算的，这不仅涉及口语中的语音连接，更与句法结构以及语义相关。所以和停顿率相比，语流长度更能考察学习者的口语流利度综合表现及其背后的认知加工情况，比如说组块能力、工作记忆容量、注意力分配等。在长度单独起作用的时候，高水平学习者的平均语流长度不受其负面影响。他们和母语者一样，会随着句法成分长度的增加而拉长其语流长度，这一点在停顿率上就无法体现。

句法和长度均能作用于第二语言的口语句子产出，这与先前第一语言口语的研究者和机器文语转换的研究者所持的"句法单位和口语单位之间的间接关系"论一致（Selkirk，1986b；Bachenko & Fitzpatrick，1990），也就是说，学习者是根据句子的表达结构而非句法结构来产出第二语言的句子的（Grosjean et al.，1979）。然而，本研究没有发现句法和长度之间的相互作用。句法因素和长度因素分别影响了第二语言口语流利度的指标，其中句法因素的影响效力更强，但二者之间没有交互作用。这可能是由于句法因素和长度因素所作用的认知加工子过程不同，比方说，句法因素对词语提取和长度较短的口语单位的建构有较大影响，而长度则多作用于整句层面的表达结构的调整。这一假设还需日后的其他实验加以证实。

对于口语流利度的句法影响因素来说，句法成分本身和成分关系复杂度的影响效力和层级也有所不同。这也和先前的第一语言口语流利度研究和言语产出模型模拟的结果一致（Dong et al.，2005；Jun，2002，2003）。句法成分本身反映了较小的口语单位内部词之间的黏合度，这有助于判定单位边界不应该在哪里设定（Bachenko et al.，

1986），比方说多音节的句法词内部。这一要求对于学习者来说较容易达到，只要他们在口语产出过程中能正确提取句法词并将其两两黏合成较短的口语短语，就像高水平学习者在实验一和实验三中的表现一样。相对来讲，句法成分之间的关系是处于较高层级的影响因素，要求学习者对句法结构有一个整体的认知，所以处理起来需要更多的组块加工资源。实验后与被试的简短谈话也从侧面增加了这一解释的可信度：低水平学习者和部分高水平学习者不知道如何在复杂句里设定口语单位边界，而他们又不能将整个句子打包成一个组块产出。所以，他们只好将整个复杂句切分成一个个的词或者是由两个词组合而成的短语，然后依次复述出来。这种策略对口语流利度的负面影响是比较大的，会使得句子的产出过程听起来像是机器人在蹦词儿，流利度较低且不自然。

第二语言口语产出背后的认知加工机制问题，主要是通过学习者和母语者不同的组块表现来显现的。纵观三个实验，母语者几乎不在句内作停顿，所以他们的停顿率接近于零。在语流长度这一指标上，他们也不受句法因素和长度因素的负面影响。相反，随着附属句法成分的加入，成分之间关系复杂度的提高，以及句法成分长度的拉长，母语者的平均语流长度逐渐变长，而不是像学习者那样显著缩短。也就是说，母语者的组块大小能随着句中的句法成分情况随时调整，但他们每次产出的组块个数是相对固定的。这种口语产出策略可被称为"压缩组合"策略，这也是区别于母语者和两组学习者的汉语口语流利度的关键。反观学习者，尤其是低水平的学习者，其产出的平均语流长度比较固定，一般来讲，每个组块内部有两到三个句法词。所以，当句中的附属句法成分增多，成分之间的关系复杂化，或是成分长度变长时，他们受限于不太成熟的组块加工策略，依旧只能产出等长的口语单位，甚至更短。这样一来，他们的句子产出就不那么流利了。学习者这么做，相当于把句子产出的过程当成了词表复述，而不是利用句内词与词之间的关联，将其处理成有意义的、有句法结构支撑的语言单位。

本研究通过三个口语产出实验，考察了母语为英语的学习者在句子层面的汉语口语流利度的影响因素。低水平和高水平的学习者均受到来自句法和长度两方面因素的影响，但这两方面的影响幅度和实现方式不同。句法成分本身构成了一个句子的基础口语单位，也就是说，成分本身的性质有助于学习者判定不该在哪里设定口语单位的边界。句法成分之间的关系复杂度则是更高一级的影响因素，需要学习者通过对句法结构的整体把握来处理。长度作为非语言性质的影响因素，其影响效力相较于句法因素来说较弱，也较容易被学习者掌握。为提高句子层面的汉语口语流利度，学习者需要跟母语者一样，学习采用"压缩组合"的组块策略，根据句子内部的句法和长度情况，来调整他们所能产出的组块大小，而不是将所有类型的句子都切分成等长的组块。

　　未来的研究可以继续考察句法因素和长度因素在不同口语产出过程中的作用，比方说，在词语提取阶段，句法和长度的作用哪个更强，在最后的表达结构产出阶段，句法和长度又是如何相互作用的，等等。其他影响因素，例如语义和韵律，是如何作用于第二语言口语流利度的指标的，这也是值得探讨的话题。口语单位边界的特征问题也值得探索，比如说，学习者倾向于在哪些句法单位边界上设定口语边界，他们又常常将哪些句法单位组合到一块儿来作为一整个组块产出而不会影响句子意义的传达。这些问题的考察会有助于研究者了解，学习者对哪些短语或是句法成分的产出有困难，然后根据这些问题探讨相应的对策。另外，汉语里口语单位边界特征的重复性也值得研究，比方说，边界前的音节延长，既和短语内部词之间的连接有关，又能和停顿一起作为短语边界的区别性特征。所以说，如果知道学习者是如何通过第二语言的学习来掌握这些口语边界特征，并正确运用到即时的口语产出中的，那么对学习者的第二语言口语流利度的训练就会更有针对性。

第三章 汉语学习者口语流利性与准确性的权衡效应研究

第二语言学习者在言语表达时,由于语言水平、母语背景、心理上的障碍、外部环境等因素的影响,往往会出现所谓"权衡效应"(trade-off effect)。根据信息加工理论,第二语言学习者的注意力资源是有限的,因此,当学习者在口语表达时,如果只关注口语产出的流利性的话,必然以牺牲口语表达的准确性为代价,出现类似"洋泾浜式"(pidginization)的话语。反之,当学习者只注重口语表达准确性时,其结果必然以牺牲流利性为代价,导致口语表达时出现只言片语、不连贯的现象,甚至造成交际的中断和失败。目前学界关于口语权衡效应的研究大都集中在口语产出的任务类型(口头叙述、写作、看图说话等)或任务前计划时间(有无时间准备)或计划条件(有教师的指导和没有教师的指导)对第二语言学习者口语表达的流利性、准确性和复杂性影响的研究上(Crookes,1989;Foster & Skehan,1996;Wendel,1997;Mehernt,1998;Ortega,1999)。然而,上述研究很少涉及汉语学习者口语表达的外在因素和内在因素对口语流利性和准确性的影响。

因此,本研究主要考察三个问题:(1)基于社会语言学视角,并通过 Labov 和 Tarone 的情景语境变异理论来解释不同言语情境对口语流利性与准确性的影响;(2)基于认知心理学视角,通过 Skehan(1996,1998)的双机制模式理论来解释不同加工机制对口语流利性与准确性的影响;(3)基于 Krashen(1977)的情感过滤假设、Shumann(1978)的文化适应理论、Horwitz(1986)的外语学习焦虑理论解释文化心理因素对口语流利性与准确性的影响。

一、外部因素对口语流利性和准确性的影响

言语情境的正式与非正式还是要根据口语产出的场合是否正式以及口语产出的任务是否正式来确定。说话者和听话者之间的熟悉程度与权势关系以及社会距离等因素对口语表达的正式与非正式也有影响。虽然有些学者在从社会语言学角度考察言语情境对学习者口语产出的影响时进行了许多实证研究(Tarone,1983;袁博平,1995)。但是大多数现有的研究都是通过任务的难度或任务的类型来分析学习者的口语流利性和准确性有何差异的(Foster & Skehan,1996;Skehan,1996)。而且他们的研究都是基于语言变异的角度来考察外在社会因素对语言变异的影响。而本研究的权衡效应强调的是内在心理因素的影响,如在不同言语情境下,学习者口语产出时所需要注意资源的多少不同,正式言语情境占用的注意资源多,非正式言语情境占用的注意资源少,这是造成权衡效应的根本原因。为了弥补现有研究的不足,本研究将通过指导语控制言语情境,考察不同言语情境对口语权衡效应的影响以及学习者在真实言语情境中的口语产出机制。

(一)研究方法

1.实验设计。

本研究采用 2×3 两因素被试间实验设计。

自变量一:言语情境,为被试间变量,分为两个水平,即正式的言语情境、非正式的言语情境。

自变量二:汉语水平,为被试间变量,分为三个水平,即初级、

高级学习者和汉语母语者。

因变量一：口语流利性，测量指标为语速。

因变量二：口语准确性，测量指标为差错率。

2. 被试。

被试是母语为韩语的韩国汉语学习者。低水平和高水平韩国汉语学习者各 20 名。低水平韩国汉语学习者来自北京语言大学汉语学院一年级或速成学院 A 班，汉语学习时间为 3—11 个月。高水平韩国汉语学习者来自北京语言大学汉语学院四年级或速成学院 C 班，汉语学习时间为 3 年以上。汉语母语者 20 名，汉语普通话水平都在二级甲等以上。

3. 实验材料。

本实验将对不同水平的学习者进行不同言语情境任务的测试，为了避免不同实验材料难度的干扰，正式的言语情境任务与非正式的言语情境任务采用相同的实验材料，但在执行方法上有所不同。为了控制言语情境，我们提前设计了实验指导语，在设计了中文实验指导语后又翻译成韩文。实验正式开始前，为韩国学习者提供韩文版的指导语，而为中国学习者提供中文版的指导语；话题为事先设计好的，共 5 个，均为人们日常生活中所关注的家常事宜或当下的热门话题：（1）介绍北京的天气；（2）介绍韩国或中国的饮食；（3）介绍韩国或中国的节日；（4）介绍北京的交通工具及情况；（5）介绍在韩国或中国有名的旅游胜地。

4. 实验步骤。

按照被试的学习时间分成两个实验组：初级组和高级组，每个实验组再分成两个任务组：正式的言语情境任务组和非正式的言语情境任务组。被试根据所给的指导语和题目先准备 1 分钟，之后进行正式实验，每个实验任务的即席讲话时间为 1—2 分钟。为了减少韩国被试的负担，对被试使用韩语进行全程指导。

(1)正式的言语情境任务：主试应当扮演的是一个面试官角色，提供给被试一种正式的面试情境，由招聘者（主试）要求求职者（被试）关于已选取的题目内容进行发言，接着按照被试选取的题目对求职者（被试）进行发问。其目的在于观察求职者在特殊环境中（面试）的表现，即在正式的言语情境下，被试是否更注重口语的准确性而忽视流利性，即权衡效应是否显著。

(2)非正式的言语情境任务：由被试按照自己选取的题目与朋友进行自由对话。其目的在于观察被试在日常生活环境中的表现，即在非正式的言语情境下，被试是否更注重口语的流利性而忽视准确性，即权衡效应是否会显著。

每个任务通过录音笔进行录音；最后进行实验数据处理：获得的录音材料通过语音处理软件 Praat 进行切分、标注并提取总时长和音节数等数据，然后根据这些数据计算语速和差错率。最后，所得出的结果通过 SPSS 19.0 软件进行统计分析。

(二)实验结果

1.言语情境对口语流利性的影响。

我们首先计算了实验过程中收集到的被试的语速指标的均值数据，包括平均值和标准差，计算结果见表 3-1：

表 3-1　不同言语情境下学习者口语语速的平均值

言语情境	初级 平均值	初级 标准差	高级 平均值	高级 标准差	母语者 平均值	母语者 标准差
正式	85.08	30.72	120.14	23.74	184.82	38.14
非正式	106.75	29.75	137.58	36.00	198.77	36.89

为了考察不同言语情境与汉语水平对口语流利性的影响，我们也对语速数据进行了方差分析。齐性检验后发现差异不显著（$p=0.911>0.05$），说明方差是齐的。

方差分析结果显示，汉语水平主效应显著（$F_{(2, 54)}=43.718$，$p<0.01$，

η_p^2=0.62），这说明两组汉语学习者与母语者的口语表达流利性有差异，因此，我们对三个组别之间进行了比较。比较结果显示，初级学习者组与高级学习者组的差异显著（p=0.002<0.05），初级学习者组与汉语母语者组的差异显著（p=0.000<0.01），高级学习者组与汉语母语者组的差异也是显著的（p=0.000<0.01）。

正式的言语情境中，被试的语速数据较差。然而在非正式言语情境中，语速数据显著高，即在正式言语情境的条件下，韩国学习者的口语流利性比在非正式言语情境条件下差。

言语情境主效应也显著（$F_{(1, 54)}$=4.228，p<0.01，η_p^2=0.07），说明言语情境对口语流利性有影响。汉语水平与言语情境的交互作用不显著（$F_{(2, 54)}$=0.070，p=0.932>0.05）。

2.言语情境对口语准确性的影响。

我们首先计算了实验过程中收集到的被试差错率指标的均值数据，包括平均值和标准差，计算结果见表3-2：

表3-2　不同言语情境下学习者口语差错率的平均值

言语情境	初级		高级	
	平均值	标准差	平均值	标准差
正式	31.52	17.46	14.51	12.73
非正式	48.91	19.14	36.11	17.45

由于汉语母语者在两种言语情境中的口语产出均无差错率。因此，只对初级和高级学习者在不同言语情境的口语产出差错率做方差分析。齐性检验结果显示差异不显著（p=0.444>0.05），方差齐。

方差分析结果显示，汉语水平主效应显著（$F_{(1, 36)}$=7.812，p=0.008<0.01，η_p^2=0.18），言语情境主效应显著（$F_{(1, 36)}$=13.366，p=0.001<0.01，η_p^2=0.27），说明言语情境对口语的准确性有显著的影响。汉语水平和言语情境的交互作用不显著（$F_{(1, 36)}$=0.156，p=0.695>0.01）。

言语情境变量对口语准确性的指标造成的差异在初级水平被试和高级水平被试中都显著。而在汉语母语者被试中并不显著，这意味汉语母语者几乎没有受到言语情境的影响。但是无论是对初级还是高级水平的被试来说，言语情境对差错率即口语准确性造成的影响非常大。

（三）讨论

Skehan认知途径理论认为：学习者的注意力有限，不能同时关注言语的准确性和流利性。那么在不同言语情境下，不同汉语水平的学习者在言语表达过程中注意力如何分配？在正式言语情境条件下，被试的语言表达中替代、改述、重复、错误启动和犹豫等现象并不明显。而在非正式情境中却出现不少改述和重复现象。这因此证实了言语情境变异性理论，该理论认为学习者根据言语环境的变化来选择所产出口语的语体，即严谨体或随便体。按照该理论，学习者在注意程度较高时，会更频繁地使用严谨体；而在注意程度较低时，会更频繁地使用随便体。换句话说，在注意程度较高的正式言语情境中，学习者更关注口语准确性；而在注意程度较低时，更加关注口语流利性。

随着汉语水平的提高，被试的语言表达更加流畅，改述、替代、重复、错误启动和犹豫等现象大大减少。这样，中介语及影响其发展的认知过程受到语言水平发展的影响。这意味着学习者的第二语言能力能调节自己的工作记忆容量和注意资源对第二语言的流利性和准确性的影响。

二、加工机制对口语流利性和准确性的影响

Skehan（1998）指出，第二语言学习者在不同交际环境，面对不同的交际压力会在这两种机制之间进行转换。但是这两种加工机制的

转换较为复杂。在交际压力大的情况下，学习者的口语产出既可能利用基于样例的加工机制，也可能依赖基于规则的加工机制。一旦他们掌握了规则，就会通过"句法化"（syntacticalization）来形成样例，以提高表达的流利性。但是，第二语言学习者由于注意和记忆资源有限，基于规则的句法化过程要困难得多。此外，Skehan 认为，时间压力因素也会对言语交际产生影响。按照 Skehan 的观点，时间压力越大，第二语言学习者的口语产出会更多地依赖基于样例的加工机制，以保持口语表达的流利性和准确性的平衡；相反，如果时间压力越小，或没有时间压力，学习者的口语产出就会在保持流利性的同时对口语产出的准确性投入更多的注意资源。因此，他们不得不通过两种机制的转换应对复杂的口语交际任务。那么，不同汉语水平的第二语言学习者，在不同的口语交际任务中，在不同的时间压力下，如何实现口语产出的流利性和准确性之间的平衡？本研究试图在 Skehan 的理论框架下，从韩国学生汉语口语产出的"权衡效应"入手，通过实验研究来探讨上述问题。

（一）研究方法

1. 实验设计。

本实验采用 2×2×3 三因素混合实验设计。

自变量一：口语产出任务类型，为被试内变量，分为两个水平，即基于规则的口语产出任务和基于语块的口语产出任务。

自变量二：时间压力，为被试间变量，分为两个水平，即有时间压力组和无时间压力组。

自变量三：汉语水平，为被试间变量，分为三个水平，即初级、高级学习者和汉语母语者。

因变量一：口语流利性，测量指标为语速。

因变量二：口语准确性，测量指标为差错率。

2. 被试。

与实验一相同。

3. 实验材料。

基于规则和基于语块的口语产出任务的实验材料，每个句子的句长均为 10 个字，并通过 E-prime 软件逐句呈现。所有实验用句中的单词和语法项目，均事先确认所有被试已经掌握。此外，所有单词均用拼音标注。

基于规则的口语产出任务采用"即时注意语言形式"（focus on form）。本实验选择汉语动态助词"了、着、过"作为实验材料。该任务选取 20 个简单句，如"了 // 刚才我吃 // 一碗饭"。要求被试将随机排列的句子成分组成合法的句子。

有研究表明，在口语交际中，当需要对对话做出快速回答和反应时，说话者往往使用一些"预制语块"（prefabricated chunks），进而提高口语表达的流利性。因此，本实验基于语块的口语产出任务，选择了"三字组"的语块，如"到时候、没问题、尽可能"等，组成 20 个随机排列的简单句，如"一定 // 只要我努力 // 没问题"。要求被试尽快组合成合法的汉语句子。

4. 实验步骤。

第一阶段，被试分成两组，即有时间压力组和无时间压力组。然后各组被试按照汉语水平分成两组，初级组和高级组；为了减少韩国被试的负担，主试使用韩语进行全程指导。

第二阶段，与基于规则和基于语块的口语产出任务的实验过程相似，实验材料通过电脑和 E-prime 软件呈现。首先在屏幕中央呈现注视点"+"300 毫秒，注视点消失后在屏幕中央出现一个汉语句子的三个部分，要求被试在保证正确的前提下，在不同的时间压力条件下，将三个部分组成一个句子并大声说出该句子，整个实验包括 5 个练习项和 40 个测试项。无时间压力组被试均参加基于规则和基于语块的口语产出任务（总共 40 道题）。由于没有时间压力，被试完成一个句子的组句后，按 F 键就可以进入下一组句任务。有时间压力组的被试要在

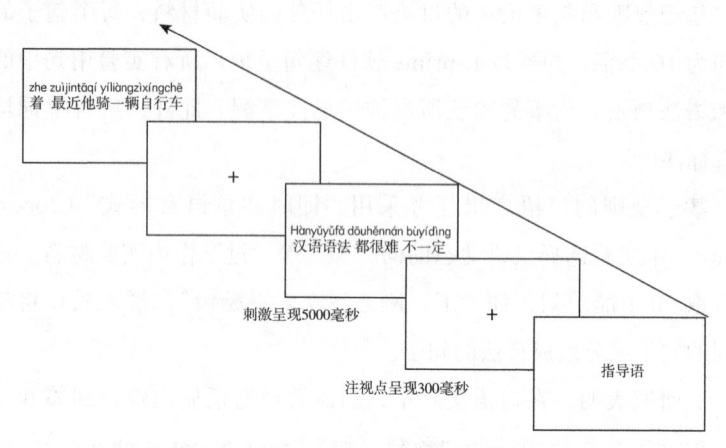

5000毫秒时间内完成一个组句任务。（详见图3-1）

图 3-1 有时间压力任务实验程序图

有时间压力组与无时间压力组实验材料相同，总共 40 道题，每个句子呈现 5000 毫秒，5000 毫秒后自动进入下一组句任务。要求被试在 5000 毫秒内说出正确的句子，如果被试什么都没说，在数据分析时会算作错误数据。

（二）实验结果

1. 不同时间压力与口语产出任务类型对口语表达流利性的影响。

我们首先计算了实验过程中收集到的不同时间压力条件下被试语速指标的均值数据，包括平均值和标准差，计算结果见表3-3。

表 3-3 在不同时间压力下学习者口语语速的平均值和标准差（SD）

	无时间压力		有时间压力	
	基于规则	基于语块	基于规则	基于语块
低水平学习者	70.52（18.46）	60.93（19.13）	103.49（13.37）	122.00（12.15）
高水平学习者	87.14（17.59）	81.42（19.07）	117.24（8.20）	123.50（7.32）
汉语母语者	111.30（12.43）	114.87（17.06）	131.45（8.06）	130.20（8.58）

方差分析结果显示，口语产出任务类型的主效应不显著，（$F_{(1, 54)}$=2.384，p=0.128>0.01）；汉语水平的主效应显著（$F_{(2, 54)}$=30.727，

$p=0.000<0.01$，$\eta_p^2=0.53$）；时间压力的主效应显著（$F_{(1,54)}=96.001$，$p=0.000<0.01$，$\eta_p^2=0.64$），有时间压力的口语产出的语速显著快于无时间压力的口语产出语速；口语产出任务类型与汉语水平的交互作用不显著（$F_{(2,54)}=1.001$，$p=0.374>0.01$）；汉语水平与时间压力的交互作用显著（$F_{(2,54)}=6.198$，$p=0.004<0.01$，$\eta_p^2=0.19$）；口语产出任务类型与时间压力的交互作用显著（$F_{(1,54)}=21.286$，$p=0.000<0.01$，$\eta_p^2=0.00$）；口语产出任务类型、汉语水平和时间压力三者的交互作用显著（$F_{(2,54)}=13.920$，$p=0.000<0.01$，$\eta_p^2=0.34$）。

对三重交互作用做简单简单效应检验。检验结果显示，初级水平韩国汉语学习者不同口语产出任务的语速在无时间压力水平上的差异显著（$p<0.05$），即基于规则的口语产出语速比基于语块的口语产出语速快；高级水平的韩国汉语学习者的不同口语产出任务的语速在无时间压力水平上差异显著（$p<0.05$），即基于规则的口语产出语速也比基于语块的口语产出语速快。同样，汉语母语者不同口语产出任务的语速在无时间压力水平上的差异也显著（$p=0.023$），但其基于语块的口语产出语速比基于规则的口语产出语速快。这一点与韩国汉语学习者不同。这一结果说明，无论是初级学习者还是高级学习者的口语产出都表现出显著的任务类型效应，即在无时间压力的条件下，韩国汉语学习者基于规则的口语表达要比基于语块的口语表达更流利。而汉语母语者则相反，基于语块的口语表达要比基于规则的口语表达更流利。

此外，初级水平韩国汉语学习者的不同口语产出任务的语速在有时间压力水平上的差异显著（$p<0.05$），即基于语块的口语产出语速明显快于基于规则的口语产出语速；高级水平韩国汉语学习者的不同口语产出任务的语速在有时间压力水平上差异显著（$p<0.05$），即基于语块的口语产出语速快于基于规则的口语产出的语速。同样，汉语母语者不同口语产出任务的语速在有时间压力水平上也存在显著差异（$p=0.023$），但与韩国汉语学习者不同的是，汉语母语者基于规则的口语产出语速快于基于语块的口语产出语速。

在无时间压力和有时间压力两种条件下,韩国汉语学习者,包括汉语母语者的口语产出表现完全不同。在无时间压力条件下,韩国汉语学习者基于规则的口语表达流利性好于基于语块的口语表达流利性;而在有时间压力条件下,则相反。其次,汉语母语者在无时间压力条件下,基于语块的口语表达流利性要好于基于规则的口语表达流利性,这与韩国汉语学习者的趋势相反。这意味着,相较于无时间压力条件,在有时间压力的条件下,韩国汉语学习者口语产出所依赖的加工机制不同,汉语母语者所依赖的口语加工机制与在无时间压力条件下也不同。

2. 不同时间压力与口语产出任务类型对口语表达准确性的影响。

由于母语者在两种时间压力条件下的口语产出均无差错率,所以,在此仅对低水平和高水平学习者的口语产出差错率进行方差分析(见表3-4)。

表3-4 不同时间压力下学习者口语产出差错率的平均值和标准差(SD)

	无时间压力		有时间压力	
	基于规则	基于语块	基于规则	基于语块
低水平学习者	21.00(16.12)	29.00(15.06)	57.00(19.61)	36.50(24.04)
高水平学习者	8.00(7.53)	9.50(6.43)	44.00(11.97)	34.00(22.34)

方差分析结果显示,韩国汉语学习者在不同口语产出任务类型上,其差错率的主效应不显著($F_{(1, 36)}$=0.707,p=0.406>0.01);汉语水平的主效应显著($F_{(1, 36)}$=10.257,p<0.01,η_p^2=0.22),即低水平学习者差错率明显高于高水平韩国汉语学习者的差错率;时间压力的主效应显著($F_{(1, 36)}$=27.952,p=0.003<0.01,η_p^2=0.44),即无时间压力条件下,学习者口语产出的差错率明显低于有时间压力条件下口语产出的差错率;汉语水平与时间压力的交互作用不显著($F_{(1, 36)}$=0.10,p=0.920>0.01)。口语产出任务类型与汉语水平的交互作用不显著($F_{(1, 36)}$=0.314,p=0.579>0.01);与时间压力的交互作用显著($F_{(1, 36)}$=12.268,p=0.001<0.01,η_p^2=0.25);口语产出任务类型、汉语

水平和时间压力三者的交互作用显著（$F_{(1, 36)}$=5.673，p=0.023<0.05，η_p^2=0.14）。

进一步的简单简单效应检验结果显示，低水平韩国汉语学习者不同口语产出任务的差错率在无时间压力水平上差异显著（p<0.05），即基于规则的口语产出差错率显著低于基于语块的口语产出差错率；高水平韩国汉语学习者不同口语产出任务的差错率在无时间压力水平上的差异显著（p<0.05），即基于规则的口语产出的差错率也同样低于基于语块的差错率。这就是说，无论是低水平学习者还是高水平学习者在无时间压力条件下，均表现出显著的口语产出任务类型效应。但是，这一结果也说明，在无时间压力条件下，学习者的口语产出更多依赖的是基于规则的加工机制。

在有时间压力条件下的口语产出差错率的简单简单效应检验表明，低水平韩国汉语学习者不同口语产出任务的差错率在有时间压力水平上的差异非常显著（p<0.05），即基于规则的口语产出差错率显著高于基于语块的口语产出差错率；同样，高水平韩国汉语学习者不同口语产出任务的差错率在有时间压力水平上的差异也非常显著（p<0.05），其趋势与低水平韩国汉语学习者相同。

（三）讨论

上述实验和统计分析结果显示了两个重要的特点：一是，韩国汉语学习者口语产出在两种时间压力条件下的表现截然不同。具体而言，在无时间压力条件下，无论是低水平韩国汉语学习者还是高水平韩国汉语学习者的口语表达均未表现出权衡效应。这种权衡效应只有在有时间压力下才会产生。二是，无论是韩国汉语学习者还是汉语母语者在不同时间压力条件下的口语产出机制不同，而且韩国汉语学习者与汉语母语者在两种时间压力条件下的口语产出机制也不同。显然，时间压力因素是造成学习者口语产出权衡效应以及影响口语产出加工机制变化的重要因素。按照 Ullman（2001）的观点，母语者与第二语言学习者的脑加工机制的不同点主要表现在句法加工的脑区不同。母语者句法加工的脑区主要是额叶和顶叶，而词汇的加工主要是颞叶，前者的加工是基于计算的加工机制，后者是基于联想的加工机制。第二语言学习者关键期后学习第二语言，由于额叶和顶叶句法加工机制的"固化"（entrenchment），更多地依赖颞叶，即依靠联想机制加工句法。按照这一假设，韩国学生在有时间压力条件下的语块加工优势正是基于联想加工机制，因而在口语表达流利性上好于基于规则的，或者说，基于计算的加工机制。

三、文化心理因素对口语流利性和准确性的影响

倾向于负面评价恐惧的学习者更容易产生外语学习焦虑，外在因素如师生关系等，是导致学习者在语言课堂上产生焦虑的重要因素。目前关于汉语口语焦虑的研究主要集中在两个方面，一是关于学习者的口语焦虑状况及其影响因素的研究（成艳萍、何其光、韩晓立，2007；巫文胜、卢家楣、郭薇，2009）；一是关于口语焦虑与口语水平、口语流利性、口语成绩等的相关性研究（张莉，2002；高宪礼，2008；李传益，2014）。这些研究也基本都采用问卷调查和口语分析的方式来考察焦虑与口语的相关关系。虽然他们的研究成果不少，但是他们的研究大都局限于焦虑和口语流利性关系的研究。有关导致外语学习焦虑的产生因素研究方面，虽然有些学者发现文化因素与焦虑显著相关，但是大部分研究都没有涉及文化因素。Lucas（1984）指出交际焦虑与特定的文化背景息息相关，并发现日本文化是造成交际焦虑的显著原因。由于相关研究极其匮乏，进一步研究文化因素对外语语言焦虑的影响就是非常有必要的。

为了弥补以上不足，本实验将考察不同文化背景学习者的学习焦虑对口语产出流利性和正确性的影响，即考察不同文化因素和心理因素对学习者汉语口语产出权衡效应的影响。

（一）研究方法

1. 实验设计。

本研究采用 2×2 两因素被试间实验设计。

自变量一：焦虑程度，为被试间变量，分为两个水平，即高焦虑和低焦虑任务。

自变量二：汉语水平，为被试间变量，分为两个水平，即韩国学习者和欧美学习者。

因变量一：口语流利性，测量指标为语速。

因变量二：口语准确性，测量指标为差错率。

2. 被试。

被试是母语背景为韩语的高级水平汉语学习者共 20 名，来自北京语言大学汉语学院四年级或速成学院 C 班，汉语学习时间为 3 年以上；其中女生 18 名，男生 2 名，平均年龄为 27.35 岁。

母语背景为英语的欧美国家的高级汉语水平学习者共 20 名，来自北京语言大学汉语学院三、四年级或速成学院 C 班；其中女生 10 名，男生 10 名，平均年龄为 26.35 岁。

3. 实验材料。

为了控制被试的焦虑程度，我们提前设计了实验指导语，在设计了中文实验指导语后再将其翻译成韩文和英文。实验正式开始前，为韩国学习者提供韩文版指导语，为欧美学习者提供英文版指导语；根据实验组的情况，会提供不同的实验指导语。

本实验将对不同水平的学习者进行不同焦虑程度任务的测试，各个任务采用相同的实验材料。实验材料从德国著名漫画家埃·奥·卜劳恩的连环漫画《父与子》（2011）中选取了 6 张图，又从韩国的英语教材中选取了一张六福图。看图说话任务采用 3 个浅显易懂、话题内容相近的幽默故事。3 个故事分别彩印到 3 张 A4 纸上。每张图片上方会添加基本单词以便被试能够了解与每个话题有关的信息。

4.实验步骤。

首先,主试要求被试在3个号码中选择一个号码,被试选好之后,由主试提供给被试与号码相应的图片。然后开始正式实验,每个任务在正式进行前都没有给被试准备时间,任务执行时间为1—2分钟。根据不同的焦虑程度任务,可以分成两个实验组;一个实验组为高焦虑程度任务的实验组,另一个实验组为低焦虑程度任务的实验组。各个实验组的具体内容如下:

A.高焦虑任务组:要求被试先在3个号码中选择一个号码,按照被试的选择,由主试提供一张相应的图片,在没有任何准备时间的情况下要求被试在1—2分钟内即时描述图片的内容。

B.低焦虑任务组:首先由主试提供给被试3张图片,每个被试在3张图片中选取1张图片与另两名被试进行1—2分钟的自由对话。

最后为结果分析及统计:每个任务都会通过录音笔进行录音,然后对实验数据进行处理和分析。

(二)实验结果

1.不同焦虑程度对口语流利性的影响。

我们首先计算了实验过程中收集到的被试的语速指标的均值数据,包括平均值和标准差,计算结果见表3-5。

表3-5 不同焦虑程度下学习者口语语速的平均值

焦虑程度	韩国		欧美	
	平均值	标准差	平均值	标准差
高焦虑	101.00	26.81	147.79	42.05
低焦虑	116.83	23.04	132.08	30.19

然后,我们为了考察不同焦虑程度与文化背景对口语流利性的影响,也对语速数据进行了方差分析。齐性检验结果显示差异不显著(p=0.433>0.05),表明方差是齐的。方差分析结果显示,文化背景的主效应显著($F_{(1, 36)}$=9.796,p=0.003<0.01,η_p^2=0.21),这说明韩国学习者与欧美学习者的口语表达流利性有差异;焦虑程度主效应不显

著（$F_{(1, 36)}$=0.000，p=0.995>0.05），说明焦虑程度对口语流利性并未起到显著影响；文化背景和焦虑程度交互效应不显著（$F_{(1, 36)}$=2.531，p=0.120>0.05）。

2. 不同焦虑程度对口语准确性的影响。

我们计算了实验过程中收集到的被试口语差错率数据，包括平均值和标准差，计算结果见表3-6。

表3-6　不同焦虑程度下学习者口语差错率的平均值

焦虑程度	韩国		欧美	
	平均值	标准差	平均值	标准差
高焦虑	35.96	17.09	27.03	18.55
低焦虑	43.28	22.79	18.87	11.74

然后，我们为了考察不同焦虑程度与文化背景对口语准确性的影响，也对差错率数据进行了方差分析。齐性检验结果显示差异不显著（p=0.804>0.05），表明方差是齐的。方差分析结果显示，文化背景主效应显著（$F_{(1, 36)}$=8.586，p=0.006<0.01，η_p^2=0.19），这说明韩国学习者与欧美学习者的口语表达准确性有差异；焦虑程度主效应不显著（$F_{(1, 36)}$=0.005，p=0.942>0.05），说明焦虑对口语准确性并未起到显著影响；文化背景和焦虑程度交互效应不显著（$F_{(1, 36)}$=1.855，p=0.182>0.05）。

（三）讨论

研究结果表明焦虑程度对欧美学习者口语产出的流利性和准确性都有促进作用，换句话说，焦虑有助于欧美学习者口语能力的提高；然而，焦虑对韩国学习者的口语产出却没有显著的促进作用。这说明，焦虑作为一个中间变量，对不同文化背景的学习者的口语能力习得产生了不同的影响。事实上，方差分析的结果也表明，在欧美学习者和韩国学习者中，无论是口语产出的流利性还是差错率的主效应都显著，而这种文化背景造成的差异是由焦虑程度的影响造成的。值得注意的是，在看图说话实验过程中，欧美学习者更愿意练习口语并表达自己的观点，他们在口语产出中使用惯用语的频率更高。然而韩国学习者在语言表达中替代、改述、重复、错误启动和犹豫等现象非常明显，不管是高焦虑组还是低焦虑组，被试都出现不少的改述和重复现象。

可见，韩国学习者在口语习得中出现的焦虑不可避免地与其传统文化习惯有关。汉语学习焦虑属于学习者的情感状态，口语流利性和准确性是学习者语言学习成果的一个表现。已有研究认为，母语文化背景因素是影响学生语言学习焦虑高低的一个重要因素（钱旭菁，1999；范祖奎，胡炯梅，2010）。本实验在一定程度上证实了已有研究的结果。

四、结论

本研究从心理语言学、社会语言学等不同的角度，考察了言语情境、加工机制、焦虑三个因素对汉语作为第二语言的学习者的口语产出流利性和准确性的影响，主要结论如下：

第一，言语情境对韩国学习者的口语流利性和准确性有显著的影响。这说明无论是初级水平学习者还是高级水平学习者，口语表达的流利性和准确性都明显受到言语情境的影响。在正式言语情境下，学习者更倾向于关注口语产出的准确性，因而会在准确性上投入更多的注意资源；而在非正式言语情境下，学习者则更倾向于关注口语产出的流利性，因而会在流利性上投入更多的注意资源。然而不管正式还是非正式言语情境，汉语母语者都没有受到显著影响。

第二，时间压力因素是造成韩国汉语学习者汉语口语产出的权衡效应的主要原因。没有时间压力的口语交际并未产生权衡效应。但有时间压力必然带来口语交际的压力，这种压力也必然会给第二语言学习者带来不同程度的权衡效应，结果就是在口语交际时顾此失彼。这个问题有待进一步深入研究。

第三，焦虑程度对韩国和欧美学习者的口语流利性和准确性的影响不显著。在高焦虑条件下，韩国学习者的口语产出流利性下降，准确性提高，说明焦虑对韩国学习者口语产出影响非常大；对欧美学习者来说，高焦虑条件反而促进了他们的口语产出流利性，但却降低了他们口语产出的准确性。而在低焦虑条件下，韩国学习者的口语产出流利性提高，准确性降低；欧美学习者则相反，在低焦虑条件下，口语产出的流利性降低，而口语产出的准确性提高；这说明焦虑作为一个中间变量，对不同文化背景的学习者的口语习得能力产生了不同的影响。

第四章　汉语学习者第二语言口语认知流利性研究

习得一门第二语言不仅需要掌握该语言的语音、词汇、句法、语义、语用、社会习俗和文化规范等知识，还需要具备流利运用这些知识的能力（DeKeyser，2001）。也就是说，那些将知识转化成技能的认知加工机制必须能够高效地运作。为此，Segalowitz（2000，2010）提出要区分"认知流利性"（cognitive fluency）和"表达流利性"（performance fluency），指出认知流利性是指口语表达时所涉及的认知机制的运作效率，而表达流利性是指可以观察到的口语表达的速度、流畅性和准确度。口语表达流利性和认知流利性从不同的角度对口语流利性进行描述，前者从口语产出的内容即话语的特征对学习者的口语流利性进行描述，后者从口语产出的认知加工过程和特点对学习者的口语流利性进行描述。也就是说，表达流利性关注言语表达的结果，是认知流利性的外在表现，而认知流利性关注言语表达的加工过程，是表达流利性的内在基础。

以往有关第二语言口语流利性的研究主要关注表达流利性，大部分研究从语速、停顿、迟疑、修复等方面对话语的特征进行考察，其主要目的是探究流利性的量化测量指标（Lennon，1990；Towell et al.，1996；Skehan，1998，2009；张文忠、吴旭东，2001；Kormos & Dénes，2004；陈默，2012），如 Lennon（1990）选取了 12 个量化指标对第二语言流利性进行分析，结果表明语速和 T 单位（T-unit）

内的充实停顿（如"嗯、呃"等）是比较有效的流利性测量指标。另有部分研究考察第二语言话语的不同特征与流利性感知之间的关系（Freed，1995；Cucchiarini et al.，2002；Rossiter，2009；翟艳，2011；Bosker et al.，2013），如翟艳（2011）对汉语学习者口语流利性的教师主观评价与客观量化统计进行了对比分析，结果表明教师从听感、意义表达、语言形式三个维度对样本进行的主观分析与时间性指标、表达性指标、准确性指标的量化统计分析结果具有较大一致性。

近年来也有部分研究开始探索认知加工技能与第二语言流利性之间的关系，如 Segalowitz & Freed（2004）以及 García-Amaya（2012）选取组句反应时和注意转移消耗（shift cost）等指标考察了不同学习环境下学习者的第二语言流利性和认知技能发展的差异以及第二语言流利性与认知加工技能之间的关系，Mizera（2006），Sunderman & Kroll（2009）等研究考察了工作记忆与第二语言流利性发展之间的关系，O'Brien et al.（2007）和 Hummel（2009）考察了语音记忆与第二语言流利性发展之间的关系。然而有关第二语言口语认知流利性的研究起步晚，缺乏系统性，主要集中于理论方面的探讨。尽管 Segalowitz（2000）提出了口语认知流利性的概念，并且区分了口语认知流利性与表达流利性，但是相关研究数量有限，研究结果缺乏一致性，诸多方面需要进一步的实证考察，尤其是第二语言口语认知流利性的量化测量以及第二语言口语认知流利性与表达流利性的对比研究等。

本研究将通过实验考察第二语言口语认知流利性量化指标，并从有效性和一致性两方面对比第二语言口语认知流利性与表达流利性对口语能力的预测作用。本研究结果可以为改进第二语言学习者口语能力的测量方法提供实证依据，为第二语言能力发展提供理论启示。

一、第二语言口语认知流利性的量化研究

如何测量认知流利性，认知流利性的量化指标有哪些，这些测量

指标能多大程度反映学习者的口语能力，以及这些测量指标所反映的认知加工（词汇提取、句法加工和注意控制等）与口语能力之间有怎样的关系，这些问题对探索第二语言口语能力本质具有重要意义。

（一）研究目的

本研究的目的包括：（1）考察哪些口语的认知流利性的测量指标能够有效地预测学习者的口语能力；（2）考察这些测量指标在多大程度上反映了学习者的口语能力。

（二）研究方法

本研究采用回归分析方法，预测变量包括词汇提取反应时、词汇提取反应时变异系数（coefficient variance；即反应时的标准差与反应时平均值的比）、句法加工反应时、句法加工反应时变异系数、注意转移消耗。被预测变量为口语能力测试成绩。

我们选取词汇提取、句法加工和注意控制三方面的指标作为预测变量是因为在言语产出过程中这三方面的认知加工被认为是最基本也是最重要的（Segalowitz & Freed，2004；Segalowitz，2010；García-Amaya，2012）。另外，我们同时选取词汇提取和句法加工的反应时和反应时变异系数两类指标是因为 Segalowitz & Segalowitz（1993）的研究表明仅仅依靠反应时这个速度指标并不能充分反映认知流利性的特点，还需要反应时变异系数指标，该指标能够反映认知流利性的稳定性。

1. 被试。

本研究选取韩国汉语学习者为研究对象，采用分层随机抽样的方法分别在学习汉语时间为 3—9 个月、9—18 个月和 18 个月以上三组的学习者当中各抽取 20 人，共 60 名被试，其中女生 36 人，男生 24 人，年龄在 19—25 岁之间，平均年龄为 21.4 岁。

2. 实验任务。

（1）图片命名任务。图片命名是测量词汇提取的常用方法，是测量词汇编码能力和语音加工能力的一种重要方法（Wang et al.，2007；García-Amaya，2012）。图片命名选取"汉语国际教育用一级（初级）

词汇"40个（教育部、国家语言文字工作委员会，2010），选取相应的图片，并且事先确认被试已经掌握选取的单词，同时确定所选取的图片与词一致，防止被试产出其他单词而引起反应时差异。实验要求被试在看到图片后尽快将图片所代表的事物用汉语说出。也就是说，图片命名任务要求被试快速通达和提取相关概念的第二语言心理词汇，并将其进行语音编码和产出。图片命名任务通过电脑和E-prime软件呈现，测量被试命名的反应时。

（2）组句任务。组句任务测量学习者句法加工能力（Moere，2012）。该任务的实验材料为25个简单句子（表4-1），每个句子分成三部分，三部分将随机排列，如"非常 漂亮 中国"。所有句子所涉及的单词和语法项目，均事先确认被试已经掌握，且所有单词均标注拼音，要求被试尽快组合成合法的汉语句子。该任务包括第二语言词汇意义的提取、句子意义的组合、第二语言句法结构的提取以及词语语音编码和发声等过程。组句任务通过电脑和E-prime软件呈现，测量被试组句的反应时。

表4-1 组句任务材料（拼音省略）

① 明天/不是/星期一。	⑭ 我/不喜欢/唱歌。
② 小明/是/北京人。	⑮ 李明/喜欢/跳舞。
③ 教室里/有/很多学生。	⑯ 我们/学习/汉语。
④ 你的姐姐/是不是/医生？	⑰ 今天/天气/真不错。
⑤ 我们班/有/25名学生。	⑱ 请问/去医院/怎么走？
⑥ 房间里/没有/人。	⑲ 同学们/正在操场/打球。
⑦ 上海/在/中国的东边。	⑳ 玛丽每天早上/在操场上/跑步。
⑧ 自行车/不在/门口。	㉑ 王小明/在一家电脑公司/工作。
⑨ 我/很/高兴。	㉒ 他找到了/一个安静的地方/看书。
⑩ 你/是/哪国人？	㉓ 你们/学校/大不大？
⑪ 妈妈/正在/洗衣服。	㉔ 布朗先生/坐公共汽车/上班。
⑫ 北京/非常/漂亮。	㉕ 老师说/我的发音/很好。
⑬ 中国/非常/大。	

（3）范畴判断任务。范畴判断任务测量学习者注意控制能力（Segalowitz & Frenkiel-Fishman, 2005）。该任务选取描述时间的词（以下简称"时间词"）8个，其中4个描述"过去"意义（以前、过去、昨天、刚才），4个描述"将来"意义（以后、将来、明天、马上），另外选取描述频率的词（以下简称"频率词"）8个，其中4个描述"频率低"意义（没有、有时、一次、很少），4个描述"频率高"意义（总是、经常、多次、一直）；要求被试对描述时间的词进行属于"过去"意义还是属于"将来"意义判断，并按键反应，同样对描述频率的词进行属于"频率低"意义还是属于"频率高"意义判断，并进行按键反应。

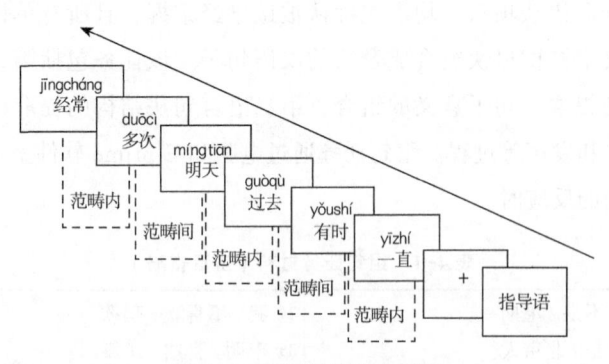

图 4-1 范畴判断实验示例

范畴判断任务中实验刺激按照时间词和频率词两两间隔的顺序呈现，也就是按照"时间词→时间词→频率词→频率词→时间词→时间词→频率词→频率词……"这样的顺序呈现（其中时间词和频率词随机选取），这样就形成了"时间范畴内→时间范畴与频率范畴间→频率范畴内→频率范畴与时间范畴间→时间范畴内→时间范畴与频率范畴间……"范畴内（包括时间范畴内和频率范畴内）和范畴间（时间范畴与频率范畴间）的两种注意控制状态（见图4-1）。以往的研究表明，尽管被试已经事先知道这种固定的呈现顺序，他们在范畴间所需的注意资源比范畴内所需的注意资源仍然要多（Monsell *et al*., 2003；

García-Amaya，2012），这种差异被称为"注意转移消耗（shift cost）"。注意转移消耗反映了认知加工系统在处理注意焦点转移时所需的额外负担。

（4）口语面试。口语测试旨在测量学习者的口语能力，该任务采用汉语水平考试（HSK）口语考试的形式进行测试，测试内容分看图说话和自由交谈，测试成绩为1—10分，评分标准参照《新汉语水平考试大纲HSK口试》（国家汉办/孔子学院总部，2010）。口语测试由两位经验丰富的口语教师担任考官，成绩取两位考官的平均值。

3.实验程序。

60名被试依次完成图片命名、组句和范畴判断任务，在完成每个任务之后被试休息10分钟，然后进行下一个任务。在完成三项任务后，所有被试在同一天进行口语面试。

图片命名任务，通过电脑和E-prime软件呈现，具体过程如下：首先在屏幕中央呈现注视点500毫秒，注视点消失后在屏幕中央出现图片，要求被试在保证正确的前提下，尽快地大声说出图片的中文名称，当被试完成每幅图片的命名时，由主试控制进入下一图片（主试在隔壁房间，通过无线鼠标点击）。E-prime软件通过语音反应盒记录被试反应时间，同时通过E-prime软件中的Soundin控件将被试的图片命名进行录音，以记录图片命名发音时间而且便于事后核查命名的正确性。图片命名反应时包括E-prime通过语音反应盒记录的反应时间和图片命名发音时间，图片命名发音时间通过Praat软件进行标注并提取。整个实验包括5个练习项和35个测试项。

组句实验任务同图片命名实验任务操作过程相似，实验同样通过电脑和E-prime软件呈现：首先在屏幕中央呈现注视点500毫秒，注视点消失后在屏幕中央出现一个汉语句子的三个部分，要求被试在保证正确的前提下，尽快地将三个部分组成一个句子并大声说出该句子，当被试完成一个句子的组句时，由主试控制进入下一组句任务（主试在隔壁房间，通过无线鼠标点击）。E-prime软件通过语音反应盒记录被试反应时间,同时通过 E-prime 软件中的 Soundin 控件将被试的组句产出过程进行录音,以记录组句发音时间且便于事后核查组成句子的正确性。组句反应时包括 E-prime 通过语音反应盒记录的反应时间和组句产出的发音时间,组句产出的发音时间通过 Praat 软件进行标注并提取。整个实验包括 5 个练习项和 20 个测试项。

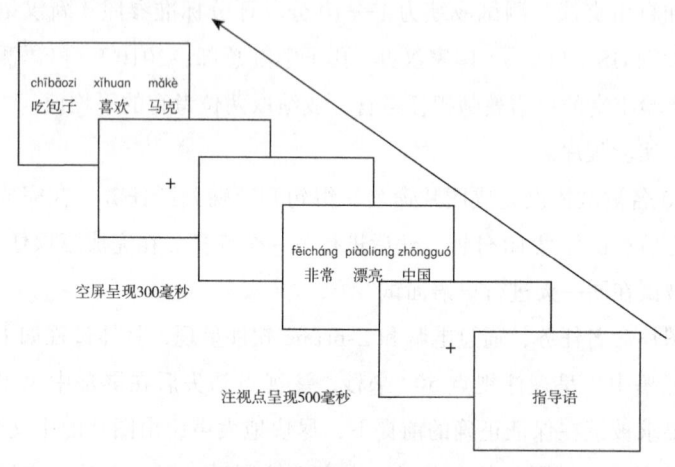

图 4-2 组句实验过程示例

范畴判断任务同样通过电脑和 E-prime 软件呈现。实验开始前,被试首先参加一个实验操作说明,确保被试掌握所有实验材料、实验呈现顺序以及操作方法。实验要求被试对实验刺激的意义进行判断,并做按键反应,如果是表示"过去"意义的时间词(以前、过去、昨天、刚才)和表示"频率低"意义的频率词(没有、有时、一次、很少)按"F"键,如果是表示"将来"意义的时间词(以后、将来、明天、马上)和表示"频率高"意义的词(总是、经常、多次、一直)则按"J"键。实验包括 16 个练习项和 64 个测试项。E-prime 软件记录被试的反应时和正确率。注意转移消耗为范畴间判断反应时与范畴内判断反应时的差值。

(三)实验结果

本研究选取各实验任务(图片命名、组句和范畴判断)数据平均

值 ±2.5 标准差以内的数据作为分析对象。

首先，我们对 5 个预测变量与被预测变量进行相关分析，初步探讨各指标与口语能力之间的关系以及各指标之间的关系；之后，5 个预测变量分别对口语成绩进行简单回归分析，考察每个变量的预测力。然后，为考察所有预测变量的总体有效性和预测能力，我们进行了逐步分析法多元回归：以口语能力成绩（被预测变量）为因变量，其他 5 个指标（预测变量）为自变量，建立回归方程。

1. 每个测量指标的有效性。

预测变量与被预测变量以及各预测变量之间的两两相关结果显示，各预测变量与口语成绩之间均具有显著的高负相关（相关系数 r 从 -0.777 到 -0.94），其中组句反应时和注意转移消耗两个变量与口语成绩之间的相关分别高达 $r=-0.94$ 和 $r=-0.935$。这说明预测变量与被预测变量之间具有很强的相关性。

此外，相关分析结果还显示，各自变量之间也具有比较高的相关，其中三组的相关系数达到 0.8 以上，分别为组句反应时与注意转移消耗（$r=0.885$，$p<0.001$），图片命名反应时与注意转移消耗（$r=0.807$，$p<0.001$），图片命名反应时与图片命名反应时变异系数（$r=0.803$，$p<0.001$）。这说明各预测变量之间具有较强的一致性。

为进一步考察各预测变量的有效性以及它们与口语成绩之间的函数关系，我们分别用 5 个预测变量对口语成绩进行简单回归分析。结果如下：

（1）组句命名反应时变量可以解释 88.3% 口语成绩变量产生的变异（R 方 $=0.883$；$F=437.231$，$p<0.001$），这意味着组句命名反应时变量能够预测 88.3% 的口语成绩。

（2）注意转移消耗变量可以解释 87.3% 口语成绩变量产生的变异（R 方 $=0.873$；$F=399.962$，$p<0.001$），也就是说，注意转移消耗变量能够预测 87.3% 的口语成绩。

（3）图片命名反应时变异系数变量能够预测 67.2% 的口语成绩（R

方 =0.672；F=119.024，p<0.001）。

（4）组句反应时变异系数变量能够预测61.3%的口语成绩（R 方 =0.613；F=91.767，p<0.001）。

（5）图片命名反应时变量能够预测60.9%的口语成绩（R 方 =0.609；F=90.238，p<0.001）。

以上简单回归结果显示，5个预测变量对口语成绩均具有显著的强预测力，从最低的60.9%到最高的88.3%。预测力从强到弱，分别是组句反应时（88.3%）、注意转移消耗（87.3%）、图片命名反应时变异系数（67.2%）、组句反应时变异系数（61.3%）和图片命名反应时（60.9%）。相比较而言，组句反应时和注意转移消耗两个变量具有尤其突出的预测力。

2. 5个测量指标的整体有效性和预测力。

表4-2　逐步分析法回归模型汇总

模型	R	R 方	调整 R 方	标准估计的误差
1	0.940[a]	0.883	0.881	0.451
2	0.965[b]	0.932	0.929	0.347
3	0.975[c]	0.951	0.949	0.296
4	0.977[d]	0.955	0.952	0.287

a. 预测变量：(常量)，组句反应时。b. 预测变量：(常量)，组句反应时，注意转移消耗。c. 预测变量：(常量)，组句反应时，注意转移消耗，组句反应时变异系数。d. 预测变量：(常量)，组句反应时，注意转移消耗，组句反应时变异系数，图片命名反应时变异系数。

为考察所有预测变量的总体有效性和预测能力，我们采用了逐步分析法多元回归，建立预测变量对被预测变量的回归方程。结果显示（见表4-2），预测变量中预测力最强的依旧是组句反应时，其单独能够预测88.1%的口语成绩（调整 R 方 =0.881），其次在增加了注意转移消耗变量后，两者共同可以预测92.9%的口语成绩，再次增加了组句反应时变异系数变量后，三者共同可以预测94.9%的口语成绩，最后增加了图片命名反应时变异系数变量后，四者共同可以预测

95.2%的口语成绩。适配性方差分析结果显示,四个回归模型均具有统计学意义,分别为:$F=437.231$,$p<0.001$;$F=388.402$,$p<0.001$;$F=363.886$,$p<0.001$;$F=292.29$,$p<0.001$。

(四)讨论

从相关分析结果可以看出,各预测变量与口语成绩均具有强的负相关(相关系数 r 从-0.777到-0.94),而且各预测变量之间也具有较强的相关性(相关系数 r 从0.517到0.885),这说明各预测变量不仅与口语成绩具有强的相关性,而且各预测变量之间具有较强的一致性。而且,简单回归分析结果表明,5个预测变量(组句反应时、注意转移消耗、图片命名反应时变异系数、组句反应时变异系数和图片命名反应时)各自都能有效地预测口语测试成绩,其中组句反应时和注意转移消耗两个变量相比较而言最有效,预测力最强,分别达到88.3%和87.3%。也就是说,就5个预测变量单独而言,它们都是口语成绩的有效测量指标。另外,在逐步分析法多元回归分析的基础上,我们发现最有效的回归模型为"组句反应时 + 注意转移消耗 + 图片命名反应时变异系数 + 组句反应时变异系数"的组合模型。该模型能够预测95.2%(调整后)的口语成绩,具有非常强的预测力。

以上结果表明,一方面来说,组句反应时、注意转移消耗、图片命名反应时变异系数、组句反应时变异系数和图片命名反应时这些变量都是口语认知流利性有效的测量指标,同时也是口语能力的有效的测量指标。另一方面来说,口语加工能力本身是一个复杂系统,是一个非线性系统,不能通过单一因素去分析和解释口语加工能力的形成和发展。这种复杂性主要体现在简单回归和多元回归结果的差异。

Larsen-Freeman(1997)指出语言是一个复杂的动态非线性系统,第二语言产出过程是一个复杂的非线性动态过程,涉及外部环境、目标语言和学习者内部认知加工等多个方面的共同作用;这些方面又是由一些复杂的次系统和因素组成的,这些次系统及其构成因素之间相互作用和影响,任何一个微小的变化都会引起整个过程的变化以及产出结果的变化。因此，语言习得和语言产出并非由一个元素和维度的作用而产生的，而是由系统所有元素之间的相互作用而涌现的（Larsen-Freeman & Cameron，2008；Dörnyei，2009）。语言系统虽然是由静态单位集合而成，但其生成和使用是一个积极的动态过程。第二语言产出的认知加工过程是由一系列复杂的认知加工系统组成，如词汇通达与提取、句法加工和注意资源分配等；这些系统之间相互作用和影响，共同形成了第二语言口语表达的能力。本实验结果表明尽管每个认知加工测量指标都能对第二语言口语能力进行一定程度上的预测，然而只有在几个因素共同参与下，充分考虑到各个认知加工系统内部以及相互之间的复杂作用和非线性关系，才能达到对第二语言口语能力较好地预测。

二、口语认知流利性与表达流利性的对比研究

口语表达流利性和认知流利性从不同的角度对口语流利性进行描述，前者从口语产出的内容，即话语的特征，对学习者的口语流利性进行描述，后者从口语产出的认知加工过程和特点对学习者的口语流利性进行描述（Segalowitz，2000）。那么，两者对学习者口语流利性的描述和测量结果是否一致？如果不一致，哪一个更加稳定和有效？此外，它们之间具有怎样的关系？这些问题显然对促进第二语言口语能力测量具有重要意义。

本对比研究由两个实验构成：第二语言口语认知流利性和表达流利性的有效性对比实验、第二语言口语认知流利性和表达流利性的稳定性对比实验。

（一）第二语言口语认知流利性与表达流利性的有效性对比实验

本实验考察口语认知流利性与表达流利性何者能够更加有效地衡量第二语言学习者口语能力。

本研究采用回归分析方法，分别考察口语认知流利性和口语表达流利性对学习者第二语言口语能力的预测力，其中前者的预测变量为句法加工反应时和注意转移消耗，被预测变量为学习者口语成绩，后者的预测变量为语速（本实验中，语速是指平均每分钟的音节数，总音节数÷总时长）和平均语流长度（平均语流长度是指平均每个语流的音节数，总音节数÷总语流数）；被预测变量同样为学习者口语成绩。

1. 被试。

本实验选取母语为韩语的初级和高级汉语水平学习者各25人：初级汉语水平学习者在华学习汉语时间8—10个月，平均年龄20.3周岁，其中男生11人，女生14人；高级汉语水平学习者在华学习汉语时间24个月以上，平均年龄23.2周岁，其中男生10人，女生15人。

2. 实验任务。

本实验采用看图说话、组句、范畴判断和口语测试四种任务。看图说话是为了获得口语表达流利性数据，该任务既能够控制话题的内容和任务难度，又能够让被试发挥自己的口语表达能力，是一种比较常用的口语表达的数据收集方式（Lennon，1990；张文忠，1999）。看图说话实验材料选自德国著名漫画故事书《父与子全集》中的《引人入胜的书》（埃·奥·卜劳恩，2011：2），故事由六幅图片组成，黑白打印。组句、范畴判断和口语测试三种任务与本章"第二语言口语认知流利性的量化研究"中的任务相同。

3. 实验程序。

首先，进行看图说话任务：被试拿到看图说话材料后，熟悉1分钟，然后对故事进行描述，看图说话过程通过录音笔进行录音。在被试完成看图说话任务后，休息10分钟，进行组句任务；完成组句任务后，被试再休息10分钟，进行范畴判断任务。整个实验过程大约持续40分钟（含中间20分钟的休息时间）。

最后进行实验数据处理：看图说话任务获得的录音材料通过语音

处理软件 Praat 进行切分、标注并提取总时长和音节数等数据,然后根据这些数据计算语速;组句反应时包括 E-prime 记录的反应时和组句产出的发音时间,反应时通过语音反应盒采集并由 E-prime 软件记录,组句产出的发音时间通过 Praat 软件对组句产出录音进行标注并提取。由于学习者言语产出不仅包含句法加工能力也包含语音编码和产出能力,而且实验中发现学习者的语音产出和句法组织常常同时或者交替进行,所以本研究的组句反应时既包括组句反应时间也包括句子产出的发音时间。

4. 实验结果。

实验数据采用 SPSS（IBM SPSS Statistics Version 20）回归分析中的线性回归进行分析。

（1）口语认知流利性对第二语言口语能力的预测。口语认知流利性对第二语言口语能力的回归结果显示（表 4-3）,调整判定系数（调整 R 方）=0.9,也就是说,组句命名反应时变量和注意转移消耗变量两者一起可以解释 90% 口语成绩变量产生的变异,这也就意味着组句反应时变量和注意转移消耗变量两者一起能够预测 90% 的口语成绩。适配性方差分析结果显示,该模型具有统计学意义（$F_{(2,47)}$=221.502, $p<0.001$）。

表 4-3　口语认知流利性对第二语言口语能力的回归结果

模型	R	R 方	调整 R 方	标准估计的误差
1	0.951[a]	0.904	0.900	0.368

a. 预测变量:（常量）,注意转移消耗,组句反应时。

（2）口语表达流利性对第二语言口语能力的预测。口语表达流利性对第二语言口语能力的回归结果显示（表 4-4）,调整判定系数（调整 R 方）=0.666,也就是说语速和平均语流长度两者一起能够预测 66.6% 的口语成绩。适配性方差分析结果显示,该模型具有统计学意义（$F_{(2,47)}$=49.757, $p<0.001$）。

表 4-4　口语表达流利性对第二语言口语能力的回归结果

模型	R	R 方	调整 R 方	标准估计的误差
1	0.824[a]	0.679	0.666	0.674

a. 预测变量：（常量），语速，平均语流长度。

也就是说，不论是口语表达流利性的指标还是口语认知流利性的指标均能有效地对第二语言口语能力进行预测，但是两者的预测效力有区别：前者只能预测 66.6% 的口语成绩，而后者则能够预测 90% 的口语成绩。

（二）第二语言口语认知流利性和表达流利性的稳定性对比实验

本实验考察第二语言口语认知流利性和表达流利性的稳定性，具体来说，考察两者是否受口语表达任务类型因素的影响以及何者能够更加稳定地反映第二语言学习者的口语能力。

1. 实验设计。

本实验采用 2×2 两因素混合实验设计。因素一为语言水平，为被试间变量，分两个水平，初级汉语水平学习者（初级）和高级汉语水平学习者（高级）；因素二为任务类型，为被试内变量，分两个水平：有准备和无准备，前者在看图说话任务和组句任务前有 15—30 分钟的准备时间，后者仅 1 分钟的准备时间。Ellis（2005，2009b）等研究表明学习者在有准备的任务类型下能够较为充分地激活第二语言的显性知识，而在无准备的任务类型下难以激活第二语言的显性知识。

因变量为语速和组句反应时，语速为表达流利性的测量指标，而组句反应时为认知流利性的测量指标。

2. 被试。

本实验的被试与本章中"第二语言口语认知流利性与表达流利性的有效性对比实验"的被试相同。

3. 实验任务。

本实验采用看图说话和组句两种任务。所有任务在语音实验室进行，测量结果作为学生的口语课程成绩的一部分。

看图说话材料同样选自《父与子》，为两个话题相近的幽默故事，每个故事由六幅图片组成，黑白打印。故事一为无准备看图说话材料，故事二为有准备看图说话材料。

组句任务的实验材料为 80 个简单句子，其中 40 个句子为无准备组句材料，另外 40 个为有准备组句材料。每个句子同样分成三部分，三部分随机排列。

4. 实验程序。

为了避免有准备任务对无准备任务的影响，本实验先进行无准备任务，再进行有准备任务，在完成无准备看图说话任务后，被试休息 10 分钟，再进行无准备组句任务。

三天后，我们实施有准备看图说话任务和有准备组句任务。在有准备看图说话任务中，被试拿到看图说话故事二后，准备 15—30 分钟（准备期间可以使用笔记和草稿），然后对图片故事进行描述（口述期间不能看笔记和草稿）。在完成有准备看图说话任务后，被试休息 10 分钟，然后进行有准备组句任务，被试在进行组句任务前对组句任务中出现的词语、句式和语法项目准备 15—30 分钟。

5. 实验结果。

为考察口语表达流利性和认知流利性的稳定性，我们分别以语速和组句反应时为因变量（其中前者为口语表达流利性的测量指标，后者为口语认知流利性的测量指标），汉语语言水平为分组变量，任务类型为被试内变量进行两因素混合方差分析，采用 SPSS（IBM SPSS Statistics Version 20）一般线性模型（general linear model）中的重复度量模型（repeated measures）。

（1）表达流利性稳定性的分析结果。

表 4-5　语速平均值（音节/秒）

		任务类型	
		有准备	无准备
汉语水平	初级	1.64	1.45
	高级	2.48	1.97

双因素方差分析结果显示：

任务类型因素（被试内）主效应显著（$F_{(1,48)}$=55.829，p<0.001，η_p^2=0.538），也就是说有准备表达的语速和无准备表达的语速之间具有显著差异，前者快于后者（见表4-5）；

汉语水平因素（被试间）主效应显著（$F_{(1,48)}$=108.134，p<0.001，η_p^2=0.693），也就是说初级汉语水平学习者与高级汉语水平学习者在语速上具有显著差异，高级汉语水平学习者的口语表达语速快于初级水平学习者；

任务类型因素和汉语水平因素间的交互作用显著（$F_{(1,48)}$=11.779，p<0.001，η_p^2=0.199）。

简单效应检验结果表明，初级汉语水平学习者在有准备和无准备两种情况下的语速具有显著差异（p=0.006），高级汉语水平学习者同样也具有显著差异（p<0.001）。从图4-3可以看出，初级汉语水平学习者在有准备表达任务类型下的语速快于无准备表达任务类型下的语速；同样，高级汉语水平学习者在有准备表达任务类型下的语速也快于无准备表达任务类型下的语速。

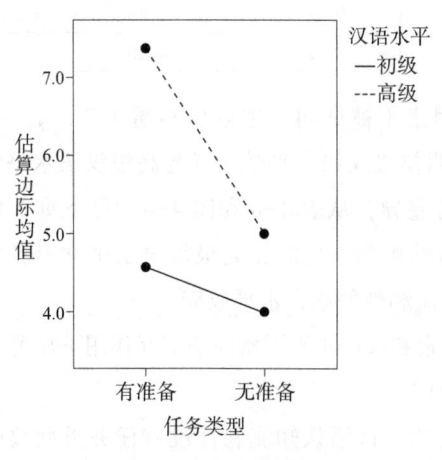

图4-3 语速的估算边际均值

此外，从图4-3可以看出，高级汉语水平学习者在有准备表达的任务类型和无准备表达任务类型下语速的差距比初级汉语水平学习者在这两种任务类型下的语速差距大。为此，我们将两类汉语水平学习者在两种任务类型下的语速差值进行 t 检验，检验结果表明高级汉语水平学习者与初级汉语水平学习者在语速差值上具有显著差异（t=3.432，p=0.001）。这说明高级汉语水平学习者受任务类型的影响比初级汉语水平学习者要大。

以上结果表明，表达流利性具有不稳定性，易受任务类型的影响；另外，任务类型对不同汉语水平学习者表达流利性的影响大小有差异，高级汉语水平学习者受到的影响比初级汉语水平学习者大。

（2）认知流利性稳定性的分析结果。

双因素方差分析结果显示：

任务类型因素（被试内）主效应不显著（$F_{(1,48)}$=2.945，p=0.093），也就是说有准备的组句反应时和无准备的组句反应时之间没有显著差异。

表 4-6　组句反应时的平均值（秒）

		任务类型	
		有准备	无准备
汉语水平	初级	5.85	6.01
	高级	4.28	4.32

汉语水平因素（被试间）主效应显著（$F_{(1,48)}$=65.76，p<0.001，η_p^2=0.578），表明初级汉语水平学习者与高级汉语水平学习者在组句反应时上具有显著差异，从表 4-6 和图 4-4（见下页）可以看出，初级汉语水平学习者的组句反应时比高级汉语水平学习者显著慢，该结果体现了口语认知流利性的语言水平效应。

任务类型因素和汉语水平因素间的交互作用不显著（$F_{(1,48)}$=1.037，p=0.314，η_p^2=021）。

以上结果表明，口语认知流利性没有任务类型效应，也就是说认知流利性的测量指标能够排除由任务类型造成的学习者口语表达变异的影响，具有较高的稳定性。

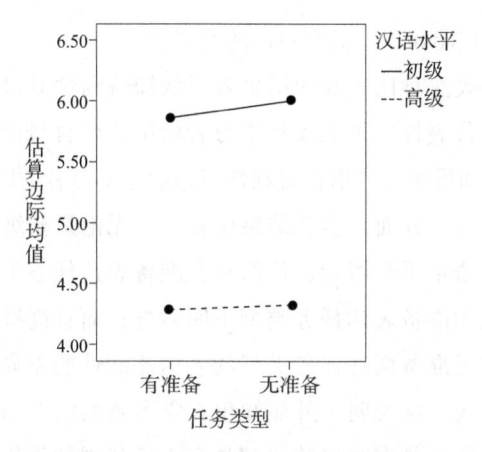

图 4-4　组句反应时的估算边际均值

（三）讨论

Krashen（1981，1982）和 VanPatten（2003）等认为支撑第二语言自然、流利表达的是学习者习得的内隐知识（implicit knowledge），这种内隐知识在一定程度上也就是 Anderson（1982，1983）所指的程序性知识；而外显的知识，也就是 Krahen 所说的学得的知识（learnt knowledge），对学习者第二语言自然、流利表达的作用非常有限。Krashen 认为习得的知识用于"自动加工"（automatic processing），而学得的知识本质上属于元语言知识，主要用于"控制性加工"（controlled processing），用来监控学习者的语言输出过程；而且学得的知识只有在学习者懂得第二语言语法规则，且拥有足够的时间，并将注意力集中于第二语言形式上这样的条件下才能对第二语言的输出起监控作用（王建勤主编，2009）。在稳定性对比实验当中，有准备表达任务类型允许学习者拥有足够的时间进行准备和激活他们所学得的知识，也就是外显的知识；然而，在无准备表达任务类型下学习者难以有足够的时间运用他们所学得的外显知识，主要依赖他们的内隐技能知识。实验结果表明，表达流利性产生了任务类型效应，也就是说受到了学习者外显知识的影响，学习者口语表达流利性产生了变异，具有不稳定性。然而，认知流利性能够排除任务类型的影响，反映了学习者的内隐技能知识，具有更高的稳定性。

此外，有效性对比实验的结果表明认知流利性对口语能力具有更高的预测力和代表性，更能反映学习者的第二语言口语水平，这也反映了真正支撑和反映第二语言流利性表达的是学习者的内隐知识。

然而，在另一方面，实验结果也表明，无论是初级汉语水平学习者还是高级汉语水平学习者，他们在有准备表达任务类型下口语表达流利性都比在无准备表达任务类型下明显好；而且高级汉语水平学习者在有准备和无准备两种任务类型的表达流利性的差异上比初级汉语水平学习者要大。这说明了外显知识在学习者的第二语言口语产出中无论在初级阶段还是在高级阶段都具有不可忽视的作用，而且随着学习者第二语言水平的提高，外显知识在口语表达中的作用并没有下降，反而有所提升；这也说明了外显知识是学习者第二语言能力的重要组成部分。该结果与 Scott(1989，1990)、MacWhinney(1997)、Norris & Ortega(2000)、Ellis *et al.*(2006)等研究结果相一致。

总而言之，口语表达流利性针对学习者口语产出的话语特征进行描述和衡量，是一种对静态结果的测量，易受学习者外显知识水平的干扰，具有不稳定性，而且测量效度也相对低。此外，实践表明表达流利性也受考试内容、考官素质、考试时间和考试地点等因素的限制和影响，而且，口语表达流利性的量化测量相对比较费时，难以操控，比如对语速和平均语流长度两个指标的测量，需要将语音材料进行切分，标注，计算发音音节数、停顿数、发音时长等，不但比较耗时耗力，而且在切分（停顿的确定）、标注、确定和计算发音内容时经常遇到难以确定的情况，比如发音含糊、自言自语、拖音等。然而，口语认知流利性是针对口语产出的动态认知加工过程，关注口语认知加工效率，反映了学习者的内隐知识，具有较高的有效性和稳定性，而且测量也比较省时，易于操控，受时空的限制比较少，有利于大规模的计算机自动化测试。

不少学者一直以来指出第二语言习得领域缺乏对言语行为动态

心理过程的关注和了解，并呼吁大家对这些认知过程的重视（Hatch，1978；Huebner，1983；Long & Sato，1984；Segalowtiz & Freed，2004；Moere，2012）。本研究的结果反映了关注这些言语行为的内在认知和心理加工过程所具有的重要作用和意义。

三、结论

本研究通过三个实验考察了第二语言口语认知流利性的量化指标，对比了第二语言口语认知流利性与表达流利性的稳定性和有效性。研究的主要结论包括：

第一，组句反应时、注意转移消耗、图片命名反应时变异系数、组句反应时变异系数以及图片命名反应时这5个变量都是第二语言口语认知流利性的有效测量指标，各自具有很强的预测力，其中最有效的测量指标为组句反应时和注意转移消耗。

第二，第二语言口语认知加工是一个复杂的系统，由一系列的认知加工次系统组成。因此，对第二语言口语认知加工的测量需要充分考虑各个认知加工系统内部以及各认知加工系统之间的复杂作用和非线性关系。本研究实验结果显示第二语言口语认知流利性最有效的测量模型是"组句反应时+注意转移消耗+图片命名反应时变异系数+组句反应时变异系数"四个认知加工测量指标构成的组合模型。

第三，口语产出的表达流利性容易受任务类型和学习者外显知识水平等因素的影响，测量结果不稳定。相比较而言，认知流利性不但易于测量，对考试内容、考官、考试地点和时间等因素要求也相对低，而且测量结果更加稳定、有效。

第四，在第二语言的产出过程中，学习者第二语言的外显知识具有不可忽视的重要作用，是第二语言能力的重要组成部分，但是真正支撑第二语言流利表达的是学习者的内隐知识。

第五章　汉语学习者的口语韵律表征与加工研究

口语富含韵律信息，韵律是口语产出形式的一个重要方面（Levelt，1989）。试想，如果口语表达中去掉韵律，口语表达产出的句子中字与字之间就会是等距的，表达者将会一字一字地往外蹦，不仅影响句子表达的准确性，也会影响句法分析，从而影响听者对句子的理解。因此，韵律特征是言语交际的必要手段，为听者从句法结构和语义上更清楚地理解话语提供帮助，几乎韵律的每个方面都有利于口语信息的加工（李卫君、杨玉芳，2007），而韵律习得问题在非母语教学中越来越突出，学界普遍认为，掌握目标语言的韵律结构规律是克服"洋腔洋调"顽症的关键（曹剑芬，2011）。

Levelt（1989）指出，表征研究与习得研究密不可分。表征作为考察习得的心理现实性，必然会体现在学习者的语言加工之中。本章拟探讨汉语学习者口语韵律加工单元即韵律词、韵律短语的表征，即韵律单元的心理现实性。Sevald *et al.*（1995）让被试在4秒之内以最快速度重复韵律词对，发现当第一个韵律词的内容和结构与第二个韵律词的起始音节内容和结构相同时（如 KIL 和 KIL. PER），重复速度快于音段被重复但结构不重复的情况（如 KIL 和 KILP. NER）。而结构和内容完全相同时，重复速度并不比只重复结构时快。这个结果支持韵律结构的独立表征和抽象的观点。Costa（1998）的研究试图证实在口语产出的语音编码过程中，音段信息与韵律结构是否是单独表征的。实验都采用了词图干扰范式，其中第一和第二个实验是图片（目标项）出现后，听觉呈现一个干扰词，要求被试既快又准确地命名图片。第三和第四个实验是要求被试大声朗读书面词词单，然后既快又准确地命名图片。最后实验发现当目标名称和干扰词之间有共同的抽象韵律结构时，命名潜伏期被缩短。

本章参考Costa（1998）的实验范式，研究韵律加工单元的表征。有研究表明，低水平汉语学习者主要的口语韵律加工单元是韵律词，高水平汉语学习者主要的口语韵律加工单元是韵律短语，因此本章试图进一步证实不同汉语水平第二语言学习者的韵律词、韵律短语是否作为独立的表征单元，以此考察第二语言学习者汉语口语韵律加工能力的动态发展过程。

按照Costa（1998）的观点，抽象韵律结构是独立表征的，因此本研究采用"词图干扰范式"，分别考察第二语言学习者汉语韵律词和韵律短语的启动效应。本实验的基本假设是，干扰项和目标项的韵律结构相关时，其命名反应时一定快于干扰项和目标项的韵律结构不相关时的命名反应时。此外，由于在低水平汉语学习者的韵律加工单元中，语调短语很少，所以本章不涉及语调短语表征的研究。

一、外国留学生汉语口语韵律词表征研究

韵律词是韵律结构中最基本的，也是最重要的韵律单元，它是构成话语整体结构关系动态变化的基石（曹剑芬，2011）。而且，句子韵律产生的最佳单位是韵律词（杨锦陈、杨玉芳，2004）。因此本文采用"词图干扰范式"，考察韩国学生汉语口语韵律词表征的建立情况。实验的基本假设是，干扰项和目标项的韵律结构相关时，其命名反应时一定快于干扰项和目标项的韵律结构不相关时的命名反应时。

（一）研究目的

本实验以汉语母语者为参照，分别考察汉语低水平韩国学生、汉语高水平韩国学生口语韵律词表征的建立情况，即韵律词是否作为独立的表征单元存在于韩国学生的大脑中，以此研究韩国学生汉语口语韵律词表征的建构过程。

（二）研究方法

本实验采用3×3两因素混合实验设计。

因素一，被试汉语水平，被试间变量，分三个水平：低水平汉语学习者、高水平汉语学习者与汉语母语者。其中汉语母语者为参照组。

因素二，干扰项和目标项的韵律结构关系，被试内变量，分三个水平：干扰项和目标项之间音节结构不相关、韵律结构相关。如：干扰项——跳舞，目标项——手表。干扰项和目标项之间音节结构不相关、韵律结构不相关。如：干扰项——呼噜噜，目标项——米饭。干扰项（假词）和目标项之间音节结构不相关、韵律结构相关。如：干扰项——舞跳，目标项——飞机。

因变量：图片命名反应时和图片命名正确率。

控制变量：学习者的母语背景（韩国）；学习者的年龄（18—25周岁）；词语的音节结构，每个词最多3个音节。

1. 被试。

被试为韩国汉语学习者和汉语母语者。低水平汉语学习者20名，学习汉语的时间为1年左右；高水平汉语学习者20名，学习汉语的时间为3年左右；汉语母语者20名。其中韩国汉语学习者为各高校的在读本科生，且非华裔；汉语母语者为高校在读非汉语言文学的本科生。

2. 实验材料。

本实验的材料由两部分组成：一部分是实验前的材料，30张图片，图片下面标有图片名称，用宋体四号字加粗标注，正式实验前提供给被试熟悉。另一部分是实验中的材料，一部分是练习材料，一部分是实验材料，数量不同，练习材料3组，实验材料10组，但组成内容相同。以实验材料为例进行说明：(1)每组材料分三种情况：干扰项和目标项之间音节结构不相关、韵律结构相关（下文均简称为"韵律结构相关"）；干扰项和目标项之间音节结构不相关、韵律结构不相关（下文均简称为"韵律结构不相关"）；干扰项（假词）和目标项之间音节结构不相关、韵律结构相关（下文均简称为"韵律结构相关，干扰项为假词"）。(2)第一种情况是 10 个词语（干扰项），10 张图片（目标项），干扰项与命名目标项的词语的选择要符合"音节结构不相关、韵律结构相关"，且图片与命名图片的词语要准确吻合，图片均是日常生活中的常见事物，词语是参照《汉语水平词汇与汉字等级大纲》中的甲级词选出来的（1033 个）。(3)第二种情况是 10 个词语（干扰项），10 张图片（目标项），干扰项与命名目标项的词语的选择要符合"音节结构不相关、韵律结构不相关"，图片和词语的选择与上述相同。(4)第三种情况是 10 个假词（干扰项），这 10 个假词就是把第一种情况中的干扰项的词语词序颠倒，10 张图片（目标项），干扰项与命名目标项的词语的选择要符合"音节结构不相关、韵律结构相关，干扰项为假词"，图片和其他词语的选择与上述相同。

3.实验步骤。

整个实验过程用电脑和实验软件 E-prime 2.0 编程，用外接反应盒和麦克风记录命名反应时。

（1）呈现指导语："欢迎你参加我们的实验！请注视屏幕上的'+'，然后听觉呈现一个词语；词语呈现后，屏幕立刻视觉呈现一张图片；图片呈现时间为 3000 毫秒，请你在 3000 毫秒内既快又准确地命名出图片。3000 毫秒后，自动进入下一个程序。正式实验前被试有三组练习材料。练习完毕后，电脑屏幕中间将会出现反馈界面，你可以选择正式实验，也可以选择继续练习。"

（2）指导语呈现结束后，给被试提供所有的命名图片，30 张，而且每个图片下面标有图片名称，名称用宋体四号字加粗标注。被试大约需要 10 分钟熟悉图片及名称，如有不认识的汉字，可以询问。待被试确定熟悉了图片及其名称后开始实验。

（3）练习及实验时，首先听觉呈现一个词语；听觉呈现结束后，立刻视觉呈现一张图片，但图片下不出现图片名称，呈现时间为3000毫秒；图片呈现结束后，要求被试既快又准确地命名出图片。3000毫秒后，自动进入下一个程序。

（4）反应盒自动记录听觉呈现结束到被试作出反应的时间，即反应时，同时主试记录下被试图片命名的正确率。

（三）实验结果

分别统计汉语学习者和母语者在"干扰项和目标项之间是否有相关的抽象韵律结构"的三种情况中的平均反应时及正确率。见表5-1。

表5-1 汉语口语韵律词表征实验被试平均反应时（毫秒）和正确率

汉语水平	干扰项和目标项之间是否有相关的抽象韵律结构		
	韵律结构相关	韵律结构不相关	韵律结构相关（干扰项为假词）
低水平	1080.25（0.965）	1260.75（0.930）	1164.80（0.970）
高水平	981.10（0.990）	1104.90（0.975）	1086.40（0.995）
母语者	747.45（1.000）	821.30（1.000）	746.05（1.000）

* 括号内为正确率。

SPSS 17.00统计软件对反应时数据进行多元方差分析，结果显示，干扰项和目标项之间是否有相关的抽象韵律结构的主效应非常显著（$F_{(2, 114)}$=28.506，$p<0.05$）。经过事后多重比较发现：韵律结构相关与韵律结构不相关之间差异非常显著（$F_{(1, 59)}$=65.638，$p<0.05$）；韵律结构不相关与韵律结构相关（干扰项为假词）之间差异显著（$F_{(1, 59)}$=5.952，$p=0.018$，$p<0.05$）；而且上述两种结论都是韵律结构相关的反应时快于韵律结构不相关的反应时，说明汉语学习者已建立韵律词的表征。而韵律结构相关与韵律结构相关（干扰项为假词）之间差异非常显著（$F_{(1, 59)}$=19.146，$p<0.05$），是因为汉语学习者对假词通达速度慢造成的。

汉语水平的主效应非常显著（$F_{(2,57)}$=23.700，$p<0.05$）。经过事后多重比较发现，低水平汉语学习者与高水平汉语学习者命名图片的反应时差异不显著（$p>0.05$），说明低水平汉语学习者与高水平汉语学习者韵律词表征建立的程度大致相当。高水平汉语学习者与母语者命名图片的反应时差异非常显著（$p<0.05$），低水平汉语学习者与母语者命名图片的反应时差异也非常显著（$p<0.05$），说明汉语学习者与母语者韵律词表征建立的程度不同，母语者韵律词的表征已完全建立，而汉语学习者韵律词表征建立的程度远远不如汉语母语者，也有差错率为证。

干扰项和目标项之间是否有相关的抽象韵律结构与汉语水平之间的交互作用显著（$F_{(4,114)}$=3.509，$p=0.010$，$p<0.05$）。

进行简单效应检验，结果显示：有相关的抽象韵律结构在低水平汉语学习者上的简单效应检验非常显著（$F_{(2,114)}$=19.67，$p<0.05$）；干扰项和目标项之间是否有相关的抽象韵律结构在高水平汉语学习者上的简单效应检验非常显著（$F_{(2,114)}$=11.57，$p<0.05$）；干扰项和目标项之间是否有相关的抽象韵律结构在汉语母语者上的简单效应检验显著（$F_{(2,114)}$=4.28，$p=0.016$，$p<0.05$）。

因为在汉语水平上都显著，进行事后多重比较，结果显示：对低水平汉语学习者而言，韵律结构相关与韵律结构不相关之间差异显著（$p<0.05$），说明低水平汉语学习者韵律词的表征已建立。韵律结构不相关与韵律结构相关之间（干扰项为假词）差异不显著（$p>0.05$），因为一方面韵律结构不相关会起到干扰作用，所以图片命名的反应时相对会慢，另一方面低水平汉语学习者对假词的通达速度慢，所以两者的差异不显著。韵律结构相关与韵律结构相关（干扰项为假词）之间差异显著（$p<0.05$），也是因为低水平汉语学习者对假词的通达速度慢。对高水平汉语学习者而言，韵律结构相关与韵律结构不相关之间差异非常显著（$p<0.05$），说明高水平汉语学习者韵律词的表征已建立。韵律结构不相关与韵律结构相关之间（干扰项为假词）差异不显著（$p>0.05$），因为一方面韵律结构不相关会起到干扰作用，所以图片命名的反应时相对会慢，另一方面高水平汉语学习者对假词的通达速度也较慢，所以两者的差异不显著。韵律结构相关与韵律结构相关（干扰项为假词）之间差异显著（$p<0.05$），也是因为高水平汉语学习者对假词的通达速度慢。对母语者而言，韵律结构相关与韵律结构不相关之间差异非常显著（$p<0.05$）；韵律结构不相关与韵律结构相关之间差异显著（$p<0.05$）；韵律结构相关与韵律结构相关（干扰项为假词）之间差异不显著（$p>0.05$），这都充分说明母语者韵律词的表征已完全建立，韵律词是独立的表征单元。

（四）讨论与结论

1. 本研究的发现。

根据上述方差分析的结果，本研究发现：

（1）韵律词表征的建立：实验结果表明，无论是低水平还是高水平的韩国汉语学习者，在面对韵律结构相关和不相关的启动实验中表现出不同的启动效应，表明学习者在一定程度上建立了韵律词表征，即使是语言学习初期，学习者也能在一定程度上识别和使用韵律词作为语言理解的单元。

（2）韵律词表征的深度：通过比较不同水平学习者与母语者的反应时，研究发现母语者在韵律词表征上的反应时显著快于学习者，说明母语者汉语韵律词加工的深度和自动化程度上优于学习者。这与母语者长期的语言接触和实践有关。而汉语学习者接触汉语韵律特征的语言输入有限，因此，汉语韵律词的表征深度与汉语母语者存在较大差异。

（3）韵律结构与认知负荷：实验结果表明，当干扰项为假词时，学习者的反应时变慢，这可能是因为假词增加了学习者汉语韵律词认知加工的负荷，因而需要更多的时间来处理和排除这些干扰。这一结果还表明，在语言理解过程中，韵律结构的匹配与否对认知资源的分配有显著影响。

（4）韵律词表征与语言水平的关系：实验结果显示，高水平学习者与母语者在韵律词表征上的差异显著，而低水平学习者与高水平学习者之间的差异不显著。这可能意味着在韵律词表征的建立过程中，存在一个平台期，学习者在达到一定水平后，需要更多的时间和实践才能进一步强化韵律词的表征。

（5）韵律词表征的自动化程度：母语者在所有条件下的正确率均为100%，而学习者的正确率则有所下降，特别是在面对假词时。这表明母语者在韵律词的识别和使用上更为自动化，而学习者可能还需要更多的认知资源。

2. 本研究的结论。

通过实验结果和讨论，本研究可以得出以下结论：

（1）实验结果支持了韵律词表征在二语学习者中普遍存在的假设，即使是低水平的学习者也能在一定程度上识别韵律结构和使用韵律词。但是，韵律词表征的建立是一个逐渐发展的过程，随着语言水平的提高，学习者在韵律词的识别和使用上会更加熟练和自动化。

（2）尽管二语学习者能够建立韵律词表征，但他们在韵律词的深度和自动化程度上与母语者存在显著差异，因此，需要通过更多的语言实践和语言交流来促进韵律表征的建立。

（3）研究结果提示语言教师在教学过程中应重视韵律词的教学，通过各种教学活动提高学习者对韵律词的敏感度和使用能力，从而促进语言的自然流畅表达。未来的研究可以进一步探讨不同语言背景下学习者韵律词表征的差异以及韵律词表征与语言其他认知能力（如工作记忆、注意力控制等）之间的关系。此外，还可以进一步探索如何通过教学干预更有效地促进韵律词表征的发展，逐步培养和提高韩国学生汉语口语韵律加工能力，从而提高汉语口语表达流利性。

二、外国留学生汉语口语韵律短语表征研究

韵律短语也叫音系短语，它是介乎韵律词和语调短语之间的韵律

单位（曹剑芬，2003）。1+2式述宾结构也属于韵律短语（王洪君，2000）。本实验借鉴上述对韵律短语的界定，实验材料中选择的目标项都是1+2式述宾结构的韵律短语，如"打排球、弹吉他"等，期望通过本实验进一步考察外国学生汉语口语韵律短语的表征和加工。

（一）研究目的

本实验以汉语母语者为参照，分别考察汉语低水平韩国学生、汉语高水平韩国学生口语韵律短语表征的建立情况，即韵律短语是否作为独立的表征单元存在于韩国学生的大脑中，以此研究韩国学生汉语口语韵律短语表征的建构过程。

（二）研究方法

1. 实验设计。

本实验采用3×3两因素混合实验设计。

因素一，被试汉语水平，被试间变量，分三个水平：低水平汉语学习者、高水平汉语学习者与汉语母语者。其中汉语母语者为参照组。

因素二，干扰项和目标项之间是否有相关的抽象韵律结构，被试内变量，分三个水平：干扰项和目标项之间音节结构不相关、韵律结构相关（以下简称"韵律结构相关"）；干扰项和目标项之间音节结构不相关、韵律结构不相关（以下简称"韵律结构不相关"）；干扰项（短语中包含假词）和目标项之间音节结构不相关、韵律结构相关（以下简称"韵律结构相关，干扰项包含假词"）。

因变量：(1)图片命名的反应时；(2)图片命名的正确率。

控制变量：(1)学习者的母语背景（韩国）；(2)学习者的年龄（18—25周岁）；(3)短语的音节结构，每个短语最多四个音节。

2. 被试。

被试为韩国汉语学习者和汉语母语者。低水平汉语学习者20名，学习汉语的时间为1年左右；高水平汉语学习者20名，学习汉语的时间为3年左右；汉语母语者20名。其中韩国汉语学习者为各高校的在读本科生，且非华裔；汉语母语者为高校在读非汉语言文学的本科生。

3. 实验材料。

本实验的材料由两大部分组成：一部分是练习材料，一部分是实验材料，数量不同，练习材料3组，实验材料10组，但组成内容相同。因此，以实验材料为例进行说明。（1）每组材料分三种情况，每种情况中的韵律短语都要符合以下条件：干扰项和目标项之间音节结构不相关、韵律结构相关；干扰项和目标项之间音节结构不相关、韵律结构不相关；干扰项（短语中包含假词）和目标项之间音节结构不相关、韵律结构相关。（2）第一种情况是10个短语（干扰项）、10张图片（目标项）以及命名图片的10个短语，干扰项与目标项短语的选择要符合"干扰项和目标项之间音节结构不相关、韵律结构相关"，且图片与命名图片的短语要准确吻合。（3）第二种情况是10个短语（干扰项）、10张图片（目标项）以及命名图片的10个短语，干扰项与目标项短语的选择要符合"干扰项和目标项之间音节结构不相关、韵律结构不相关"，图片和短语的选择与上述相同。（4）第三种情况是10个包含假词的短语（干扰项），这10个假词就是把第一种情况中的干扰项的短语的词序颠倒；10张图片（目标项）以及命名图片的10个词语，启动项与目标项短语的选择要符合"干扰项（短语中包含假词）和目标项之间音节结构不相关、韵律结构相关"，图片和其他短语的选择与上述相同。

4. 实验步骤。

整个实验过程用电脑和实验软件 E-prime 2.0 编程，用外接反应盒和麦克风以及录音笔记录命名反应时。

（1）呈现指导语："欢迎你参加我们的实验！请注视屏幕上的'+'，然后听觉呈现一个短语；短语呈现后，屏幕立刻视觉呈现一张图片；图片呈现时间为5000毫秒，请你在5000毫秒内既快又准确地命名出图片。5000毫秒后，自动进入下一个程序。正式实验前被试有三组练习材料。练习完毕后，电脑屏幕中间将会出现反馈界面，你可以选择正式实验，也可以选择继续练习。"指导语呈现时间为无限，由被试按任意键结束。

（2）指导语呈现结束后，给被试提供所有的命名图片，30张，而且图片下面标有图片名称，名称用宋体四号加粗标注。被试大约需要10分钟熟悉图片及名称，如有不认识的汉字，可以询问。待被试确定熟悉了图片及其名称后开始实验。正式实验前有三组练习材料。

（3）练习及实验时，首先听觉呈现一个短语；听觉呈现结束后，立刻视觉呈现一张图片，但图片下不出现图片名称，呈现时间为5000毫秒；图片呈现的同时，要求被试既快又准确地命名出图片。5000毫秒后，自动进入下一个程序。

（4）反应盒自动记录听觉呈现结束到被试作出反应的时间，即反应时，同时主试记录下被试图片命名的正确率。

（三）实验结果

分别统计汉语学习者和母语者在"干扰项和目标项之间是否有相关的抽象韵律结构"的三种情况中的平均反应时及正确率。见表5-2。

表5-2　汉语口语韵律短语表征实验被试平均反应时（毫秒）和正确率

汉语水平	干扰项和目标项之间是否有相关的抽象韵律结构		
	韵律结构相关	韵律结构不相关	韵律结构相关（启动项为假词）
低水平	1377.95（0.950）	1490.30（0.950）	1721.40（0.800）
高水平	1145.20（0.850）	1214.00（0.900）	1312.65（0.900）
母语者	787.75（1.000）	881.10（1.000）	1002.70（1.000）

*括号内为正确率。

使用SPSS 17.00统计软件对反应时数据进行多元方差分析，结果显示，干扰项和目标项之间是否有相关的抽象韵律结构的主效应非常显著（$F_{(2, 114)}$=25.359，$p<0.05$）。经过事后多重比较发现：韵律结构相关与韵律结构不相关之间差异显著（$F_{(1, 59)}$=9.197，$p=0.004$，$p<0.05$），韵律结构相关的反应时快于韵律结构不相关的反应时，说明第二语言学习者汉语口语韵律短语的表征已建立。韵律结构不相关与

韵律结构相关（干扰项包含假词）之间差异非常显著（$F_{(1, 59)}$=13.780，p<0.05），韵律结构相关与韵律结构相关（干扰项包含假词）之间差异显著（$F_{(1, 59)}$=56.935，p<0.05），都是因为第二语言学习者对由假词构成的汉语韵律短语的通达速度慢造成的。

汉语水平的主效应非常显著（$F_{(2, 57)}$=22.492，p<0.05）。经过事后多重比较发现，低水平第二语言学习者与高水平第二语言学习者图片命名的反应时差异显著（p=0.002，p<0.05），且高水平第二语言学习者图片命名的反应时快于低水平第二语言学习者，说明高水平第二语言学习者汉语口语韵律短语表征建立的程度好于低水平第二语言学习者。高水平第二语言学习者与母语者命名图片的反应时差异显著（p<0.05），低水平第二语言学习者与母语者命名图片的反应时差异非常显著（p<0.05），说明第二语言学习者与母语者汉语口语韵律短语表征建立的程度不同，母语者汉语口语韵律短语的表征已完全建立，而第二语言学习者汉语口语韵律短语表征的建立程度远远不如母语者。

干扰项和目标项之间是否有相关的抽象的韵律结构与汉语水平之间的交互作用不显著（$F_{(4, 114)}$=1.350，p=0.256，p>0.05）。

（四）讨论

根据上述方差分析的结果，我们可以进行以下几点讨论：

1. 韵律结构相关与韵律结构不相关之间差异显著，说明第二语言学习者汉语口语韵律短语的表征已建立，说明韵律结构的启动效应很好。韵律结构相关，就会产生启动效应，汉语学习者对图片命名的反应时就快；韵律结构不相关，就会产生干扰作用，汉语学习者对图片命名的反应时就慢，因此韵律结构相关的反应时都快于韵律结构不相关的反应时，充分说明汉语学习者的大脑里已经建立了韵律短语的表征，而且韵律短语是作为独立的表征单元。

2. 汉语水平的主效应非常显著，说明韵律短语表征建立的程度不同，即母语者汉语口语韵律短语的表征已完全建立，韵律短语的使用完全达到了自动化，而低水平第二语言学习者与高水平第二语言学习者汉语口语韵律短语表征建立的程度不同，韵律短语的使用控制化加工居多，没有完全达到自动化，缺乏稳定性，有差错率为证，见表5-2。当然高水平第二语言学习者汉语口语韵律短语表征建立的程度好于低水平第二语言学习者，说明高水平第二语言学习者对汉语口语韵律短语的加工能力强于低水平第二语言学习者，也体现出第二语言学习者汉语口语韵律短语加工的动态变化，随着汉语水平的提高，第二语言学习者的汉语口语韵律短语加工能力增强，实际上也是汉语口语韵律加工能力不断增强的过程。

3. 韵律短语表征的建立是第二语言学习者汉语口语韵律加工能力提高的一个关键，高水平第二语言学习者和母语者的汉语口语韵律加工单元中，韵律短语占主要地位。如果第二语言学习者已完全建立汉语口语韵律短语的表征，韵律短语已作为独立的表征单元，那么就意味着第二语言学习者在口语产出中会使用较大的汉语口语韵律加工单元——韵律短语，说明其汉语口语韵律加工能力增强，口语流利性也随之提高。

三、外国留学生汉语口语韵律对句法语义的影响

对于汉语学习者而言，掌握汉语口语不仅是语言学习的基本要求，更是跨文化交流的关键。然而，汉语作为一种声调语言，其口语韵律的特点对句法语义的理解与表达具有显著影响。特别是在处理歧义句时，韵律的运用尤为关键，它能够帮助听者或读者区分句子的不同意义。本研究旨在探讨外国留学生在汉语口语交流中韵律加工的能力以及这种能力如何影响他们对句法语义的理解。通过深入分析外国留学生在不同语境下处理歧义句的韵律特征，本文试图揭示韵律在二语习得中的作用，为汉语作为第二语言的教学提供实证基础。

（一）研究目的

1. 探究外国留学生汉语口语韵律加工能力：本研究意在评估和比较不同汉语水平的外国留学生在口语交流中韵律加工的能力以及这种能力如何随学习者汉语水平的提高而发展。

2. 分析韵律特征在歧义句处理中的作用：研究将通过实验方法，分析外国留学生在面对层次切分歧义句时如何利用韵律特征，如停顿时长，来区分和理解句子的不同意义。

3. 评估韵律加工与句法语义理解之间的关系：通过对比汉语母语者和非母语者在相同任务中的表现，本研究将揭示韵律加工在句法语义理解中的重要性，并评估外国留学生在这方面的能力与母语者之间的差异。

4. 为汉语口语教学提供策略建议：基于实验结果，本研究将提出相应的教学策略，旨在帮助外国留学生提高汉语口语韵律加工能力，从而更好地理解和使用汉语。

（二）研究方法

1. 实验设计。

本实验采用 2×2 两因素混合实验设计。

因素一，被试汉语水平，被试间变量，分两个水平：汉语水平流利的学习者与汉语母语者。

因素二，不同语境，被试内变量，分两个水平：主要意思语境与次要意思语境。

因变量：（1）歧义音节前停顿时长；（2）歧义音节后停顿时长；（3）正确率。

2. 被试。

被试为韩国汉语学习者和汉语母语者。汉语水平流利者 20 名，学习汉语的时间为 5 年以上；汉语母语者 20 名。其中韩国汉语学习者为各高校汉语言文学专业的在读本科生或语言学与应用语言学专业的研究生，且非华裔；汉语母语者为高校在读非汉语言文学专业的本科生。

所有被试的视力或矫正视力正常。

3. 实验材料。

本实验的实验材料是层次切分歧义句。郑波、王蓓、杨玉芳（2002）根据歧义产生的原因，将其分为六类：（1）层次切分歧义，如"乒乓球拍卖完了"；（2）限定范围歧义，如"至少二十个老师和同学参加了文艺汇演"；（3）指代歧义，如"小刚和小明打了一架，老师批评了他"；（4）语气歧义，如"吃什么饭？！"；（5）同音歧义，如"这本书是黄色的"；（6）其他歧义，如"有什么可研究的"。郑波、王蓓、杨玉芳（2002）指出，不同的歧义类型在利用韵律特征信息方面有着不同效率，其实验结果也证明了有关预期，对于结构类歧义（层次切分歧义、限定范围歧义），韵律能够非常理想地消解歧义。因此，我们用层次切分歧义句作为实验材料。

4. 实验步骤。

实验采用复述任务。复述任务由实验软件 E-Prime 2.0 操控。

（1）呈现指导语："欢迎你参加我们的实验。实验首先在电脑屏幕出现一个'+'符号注视点，提醒你开始实验，接着呈现一个句子。这个句子是歧义句，会随机呈现两次，句子下面分别有解释这个歧义句的两种语境。按任意键歧义句消失，会留有歧义句的语境，请你按所提供的语境又快又准确地复述出这个句子。复述结束后，按任意键呈现下一个句子。正式实验前有两组练习材料。练习完毕后，电脑会出现反馈界面，你可以选择继续练习，也可以选择正式实验。"

（2）视觉呈现句子，句子下面同时呈现两种语境中的一种，然后按任意键句子消失，请按所提供语境既快又准确地复述出这个句子。依照语境，正式实验的 26 个句子随机呈现。

（3）比如歧义句："咬死猎人的狗。"它的主要意思语境是：咬死猎人的 / 狗。（狗把猎人咬死了。）次要意思语境是：咬死 / 猎人的狗。（猎人的狗被咬死了。）

（4）被试复述句子时我们通过 Cool Edit 2000 录音，并记录被试根据语境复述歧义句的正确率。

（5）实验任务结束后，研究者对每名被试的每次录音进行编码，然后进行相关分析。

（三）实验结果

分别统计汉语学习者和母语者在"不同语境"两种情况中歧义音节前平均停顿时长、歧义音节后平均停顿时长及正确率。

1. 歧义音节前停顿的平均时长的实验结果。

分别统计汉语学习者和母语者在"不同语境"两种情况中歧义音节前停顿的平均时长，见表5-3。

表5-3 "不同语境"两种情况中歧义音节前停顿的平均时长（秒）和正确率

	主要语境	次要语境
汉语水平流利者	0.08079（0.946）	0.46828（0.873）
母语者	0.05433（1.000）	0.21291（1.000）

* 括号内正确率。

使用SPSS 17.00统计软件对歧义音节前停顿的平均时长数据进行多元方差分析，结果显示：

（1）不同语境主效应非常显著（$F_{(1, 38)}=39.170$，$p<0.05$）。次要意思语境歧义音节前停顿的平均时长大于主要意思语境歧义音节前停顿的平均时长，因为在次要意思语境中，歧义音节前停顿的时长是歧义句解歧的主要手段，所以停顿时间较长；而在主要意思语境中，歧义音节前停顿的时长不是歧义句解歧的主要手段，所以停顿时间很短。

（2）汉语水平主效应显著（$F_{(1, 38)}=8.140$，$p=0.007$，$p<0.05$）。汉语水平流利的学习者歧义音节前停顿的平均时长大于汉语母语者，是因为在解歧过程中，汉语水平流利者在歧义音节前停顿的时间较长，比较夸张，实际影响了口语产出的流利性。

（3）不同语境与汉语水平交互作用显著（$F_{(1, 38)}=6.883$，$p=0.012$，

$p<0.05$）。

进行简单效应检验，结果显示：不同语境在汉语水平流利者上的简单效应检验非常显著（$F_{(1, 38)}=39.45$，$p<0.05$），不同语境在汉语母语者上的简单效应检验显著（$F_{(1, 38)}=6.61$，$p<0.05$）。在汉语水平流利者上，主要语境与次要语境歧义音节前平均停顿时长差异非常显著，是因为在次要语境中，歧义音节前停顿的时长是解歧的主要手段，而在主要语境中，歧义音节前停顿的时长不是解歧的主要手段，所以次要语境的歧义音节前停顿的平均时长比主要语境的歧义音节前停顿的平均时长长得多。在汉语母语者上，主要语境与次要语境歧义音节前平均停顿时长差异非常显著，是因为在次要语境中，歧义音节后停顿的时长不是解歧的主要手段，所以歧义音节前停顿的时长要长于歧义音节后停顿的时长；在主要语境中，歧义音节后停顿的时长是解歧的主要手段，所以歧义音节后停顿的时长要大于歧义音节前停顿的时长。

2.歧义音节后停顿的平均时长的实验结果。

分别统计韩国汉语学习者和母语者在"不同语境"两种情况中歧义音节后停顿的平均时长及正确率。见表5-4。

表5-4 "不同语境"两种情况中歧义音节后停顿的平均时长（秒）和正确率

	主要语境	次要语境
汉语水平流利者	0.49463（0.946）	0.07301（0.873）
母语者	0.22135（1.000）	0.06099（1.000）

*括号内正确率。

使用SPSS 17.00统计软件对歧义音节后停顿的平均时长数据进行多元方差分析，结果显示：

（1）不同语境主效应非常显著（$F_{(1, 38)}=94.561$，$p<0.05$）。歧义音节后停顿的平均时长差异非常显著，是因为在主要意思语境中，歧义音节后停顿的时长是解歧的主要手段，所以停顿时间长，而在次要

意思语境中，歧义音节后停顿的时长不是解歧的主要手段，所以停顿时间短。因此，主要意思语境中歧义音节停顿后的平均时长比次要意思语境中歧义音节停顿后的平均时长长很多。

（2）汉语水平主效应显著（$F_{(1, 38)}$=17.469，$p<0.05$）。汉语水平流利的学习者歧义音节后停顿的平均时长大于汉语母语者，是因为在解歧过程中，汉语水平流利者在歧义音节前停顿的时间较长，比较夸张，实际影响了口语产出的流利性。

（3）不同语境与汉语水平交互作用显著（$F_{(1, 38)}$=18.194，$p<0.05$）。进行简单效应检验，结果显示：不同语境在汉语水平流利者上的简单效应检验非常显著（$F_{(1, 38)}$=142.44，$p<0.05$）；不同语境在汉语母语者上的简单效应检验非常显著（$F_{(1, 38)}$=36.29，$p<0.05$）。在汉语水平流利者上，主要意思语境与次要意思语境歧义音节后平均停顿时长差异非常显著，是因为在主要意思语境中，歧义音节后停顿的时长是解歧的主要手段，而在次要意思语境中，歧义音节后停顿的时长不是解歧的主要手段，所以主要意思语境的歧义音节后停顿的平均时长要长于次要意思语境的歧义音节后停顿的平均时长。在汉语母语者上，主要意思语境与次要意思语境歧义音节前平均停顿时长差异非常显著，也是因为在主要意思语境中，歧义音节后停顿的时长是解歧的主要手段；在次要意思语境中，歧义音节后停顿的时长不是解歧的主要手段，所以主要意思语境中歧义音节后停顿的时长要长于次要意思语境中歧义音节后停顿的时长。

（四）讨论

根据上述方差分析的结果，我们进行以下讨论：

1.歧义音节前后的停顿时长是层次切分歧义句解歧的主要手段。主要意思语境中，歧义音节后停顿时长是解歧的主要手段，而次要意思语境中，歧义音节前停顿时长是解歧的主要手段。因此，主要意思语境中歧义音节后停顿时长要比次要意思语境中歧义音节后停顿时长长很多；次要意思语境中歧义音节前停顿时长要比主要意思语境中歧义音节前停顿时长长很多。从上述方差分析结果可知,母语者在任何语境下都能够正确地使用韵律手段去正确地切分句法关系,正确地表达语境规定的语义,说明母语者的口语韵律加工能力很强,口语表达达到了自动化。而汉语水平流利者也能较好地运用韵律加工达到解歧的目的,说明在歧义句特定的语境下汉语水平流利者具有较强的汉语口语韵律加工能力,歧义句对汉语学习者而言很难,特别是要通过口语产出达到解歧的目的,需要将韵律、句法与语义三者结合起来,才能达到正确解歧的目的。统计结果充分说明汉语水平流利者已具备较强的汉语口语韵律加工能力,口语流利性基本达到自动化。

2. 汉语水平流利者与母语者的口语韵律加工能力还是有差异,汉语水平流利者的口语韵律加工能力还未达到母语者的水平。一方面,既然汉语水平流利者与母语者都能运用恰当的韵律手段去解歧,那么汉语水平流利者与母语者在歧义音节前或歧义音节后停顿的时长应该分别大致相当,但实际上汉语水平流利者在歧义音节前或歧义音节后停顿的时长分别长于母语者,这恰好是汉语水平流利者汉语口语韵律加工能力不如母语者的体现。汉语水平流利者在通过韵律加工解歧的过程中,在恰当位置停顿时间较长的原因是词汇提取慢,加工速度慢,甚至可能是故意拉长时间,其实都是口语韵律加工能力不如母语者的体现,影响了口语流利性。另一方面,母语者通过韵律加工解歧的正确率100%,充分说明母语者无论在何种语境下,都能运用恰当的韵律手段去正确地解歧,具有很强的口语韵律加工能力;而汉语水平流利者在主要意思语境中解歧的正确率94.6%,在次要意思语境中解歧的正确率87.3%,充分说明汉语水平流利者在绝大多数特定语境下,能运用恰当的韵律手段去正确地解歧,具有较强的口语韵律加工能力,但与母语者的口语韵律加工能力还有一定差距,汉语口语韵律加工没有完全达到自动化。

四、结论

根据上述三个实验的分析和讨论，围绕"外国留学生汉语口语韵律加工能力"这个核心问题，对本研究的结论总结如下：

不同汉语水平的外国留学生在任务类型条件下，口语韵律加工单元不同。外国留学生汉语水平低，口语产出中就会使用较小的韵律单元，外国留学生汉语水平高，口语产出中就会使用较大的韵律单元，实际上反映了不同汉语水平外国留学生口语韵律加工能力的强弱。

外国留学生汉语口语韵律单元即韵律词、韵律短语的心理表征已建立，已作为独立的表征单元，但建立的程度不同，高水平外国留学生汉语口语韵律单元表征建立的程度好于低水平外国留学生，反映了外国留学生汉语口语韵律单元表征的构建是一个动态过程，体现了外国留学生汉语口语韵律加工能力逐步增强，不断发展。

汉语水平流利者在绝大多数特定语境下，能够运用恰当的韵律手段去正确地解歧，解歧的过程需要将韵律、句法与语义统一起来，反映了汉语水平流利者已具有很强的汉语口语韵律加工能力。

第六章　汉语学习者的口语韵律组块能力研究

韵律组块，作为口语韵律特征的一个重要组成部分，是说话者为了更清楚地表达意义而在语流中对言语进行的切分和组合。说话人在口语产出过程中，如何通过组合不同长度的语言成分使表达更流利、准确，是韵律组块能力的体现。韵律组块的方式，也称停延模式，这是本章主要研究和讨论的问题。

关于韵律边界的研究大多集中在语音信息处理领域，通过讨论韵律特征和句法表征之间的映射规则来得出二者之间的算法机制，再通过验证该算法在预测韵律边界的准确率上来反证之前的算法规则是否准确，从而得出韵律结构和句法结构之间的关系的结论。也有研究对句法信息、词性、语音信息、重音等级等多方面因素进行考察，通过统计建模的方法结合以上因素对韵律边界进行预测（曹剑芬，2003；吴晓如、王仁华、刘庆峰，2003；陈龙、杨鸿武、蔡莲红，2008）。其中，句法结构是影响韵律结构的最重要的因素，二者的关系体现在二者之间的互相影响上。已有研究表明，句法结构和韵律结构并不是完全吻合的，但是，母语者基本不会进行不符合句法结构的韵律切分，这说明句法结构对韵律结构具有约束作用，句法结构对韵律边界所产生的位置具有极大的预测作用（Cooper & Paccia-Cooper, 1980；Umeda, 1982；Gee & Grosjean, 1983；Bachenko, Fitzpartric &

Wright, 1986; Selkirk, 1986b)。也有部分学者认为边界的强度和出现率与加工因素有关(Watson & Gibson, 2004; Wagner, 2005; Ferreira, 2007),而加工因素受到句子成分之间的复杂关系的影响。

在语音学研究领域,Nespor & Vogel(1986)、Selkirk(1986b)和Truckenbrodt(1995)等对口语韵律组块能力进行了深入研究;在心理学和认知加工领域,Grosjean & Collins(1979)、Cooper & Paccia-Cooper(1980)、Gee & Grosjean(1983)以及Watson & Gibson(2004)等则对韵律组块的心理机制进行了探讨。韵律理论的相关研究,如Gee & Grosjean(1983)、Ferreira(1993)和Watson & Gibson(2004)等,考察了韵律的语音学约束问题,这些约束独立于句法而存在,表现为语言表达中的时长变化,因此被引入算法机制中。在这些研究中,"边缘对齐理论"(edge-alignment theory)得到了广泛认可(Selkirk, 1986b),该理论指出句法成分和特定的韵律成分之间的对齐关系,意味着句法成分和韵律成分之间存在对应关系。Nespor & Vogel(1986)以及Selkirk(1986b)认为,停顿一般不会发生在语音联系紧密的词之间,如功能词和其相邻的实词在语音联系紧密时,应该在实际的运算处理和发音上进行绑定。Cooper & Paccia-Cooper(1980)的研究得出,说话人倾向于产出相同长度的韵律短语,这表明当一个停顿发生在小等级的句法边界时,句法结构和韵律结构便分离了。这反映了说话人在产出时,停顿的出现既受句法的影响,也受韵律因素的约束,体现了韵律的平衡原则。

Bachenko et al.(1986)从句法成分(syntactic constituency)、句法功能(grammatical function)和成分长度(constituent length)角度考察了句法结构和韵律组块的关系。他们的研究结果支持了Gee & Grosjean(1983)以及Selkirk(1986b)的"间接论",认为句法结构对韵律组块有非常大的影响,但是这个影响是由不同的句法关系、句法成分长度之间的交互作用来决定的,即这个影响是间接的。

在汉语韵律边界位置的研究中,对汉语母语者韵律边界位置的研究较为充分。曹剑芬（2001）总结了汉语韵律边界的等级，该等级通过停顿时长的长短来体现，既总结了韵律边界可能出现的位置，也总结了边界强度的等级。王茂林（2011）通过考察自然话语语料，全面地总结了汉语母语者口语产出中边界产出的规律，例如，单音节数词、量词、介词、助词、语气词独立性差，如果两个或两个以上的词语在语义上是一个整体，那么它们倾向于组合在一起。因此，已有的研究结果可以作为汉语学习者口语韵律边界研究的参照。

目前，汉语学习者的口语韵律边界研究，大部分集中在对韵律边界的声学特征研究以及和母语者的对比研究。陈默（2007）、陈默和王建勤（2008）、陈默（2013）和周宝芯（2014）的研究集中于声学特征的探讨。陈梦恬（2015）通过看后复述任务研究了学习者在产出语法关系复杂度不同的句子时韵律切分情况，发现高水平学习者韵律切分能力较高，能完整产出名词性、动词性主要语法成分。

尽管汉语学习者口语韵律单元边界特征研究已经取得了一些研究成果，但是这些研究由于语料的性质、标注方法、研究和统计分析方法各异，其结论也各不相同。因此，本研究在已有研究的基础上，进一步探讨汉语学习者口语产出中的韵律组块特征，并通过汉语母语者与汉语学习者韵律组块特征的对比，考察汉语学习者韵律组块能力的发展规律和特点。

一、韩国汉语学习者口语韵律组块的特征

汉语普通话和英语的韵律组块研究，通常依据听感对语流间断的感知明显程度来划分不同韵律层级的边界。本研究采用基于听感知觉的划分方法，以确保汉语学习者和母语者的可比性。本研究不细分三个韵律层级，而是以韵律组块单元作为分析单位。在听辨划分韵律组块单元的基础上，对韵律切分手段（包括停顿和音节延长）、韵律边界

强度(停顿时长和音节延长量)、韵律组块单元的长度、韵律边界出现率等进行深入考察和比较。

(一)研究目的

本研究的目的主要是回答以下两个问题:(1)学习者与母语者在韵律切分手段、韵律边界强度、韵律边界产生率以及韵律组块单元长度上的差异及其产生的原因;(2)不同水平学习者在上述韵律组块特征上的差异以及这些差异所反映的学习者韵律组块能力的发展规律和特点。

(二)研究方法

1.实验设计。

本研究为单因素被试间实验设计,自变量为语言水平,分为三个水平,即低水平、高水平汉语学习者和汉语母语者。

因变量:(1)韵律组块单元的长度。韵律组块单元长度=音节个数;(2)韵律切分的方法。韵律切分方法包括:韵律边界处停顿时长,停顿出现的频率(以下简称"停顿频率",停顿频率=$\frac{停顿次数}{产出音节总数} \times 100\%$),以及边界前音节时长延长量(以下简称"延长量")和边界前音节延长出现的频率(以下简称"延长频率",延长频率=$\frac{延长次数}{产出音节总数} \times 100\%$)。其中,停顿时长和延长量代表了韵律边界的强度这一指标。

控制变量:(1)词频、词汇熟悉度。被试复述句子中的词均控制在《汉语水平词汇和汉字等级大纲》(2001修订版)甲级词和乙级词范围内,其中95%为甲级词。(2)句子难度。通过五度量表(见本章附录6-2)打分界定。5为很难,4为难,3为适中,2为简单以及1为很简单。句子难度为5的句子被剔除。最初设计的54个句子的难度卡方检验表明,df=4时,$X^2_{0.05}$=9.49,50个项目的卡方值都大于9.49,p<0.05,说明对句子难度判定差异显著,大部分句子被判定为简单和很简单。同时,剔除了句子难度值超过±2.5个标准差的异常值。最终选用50个打分一致的句子作为用于语料分析的实验句子。

2. 被试。

从北京语言大学招募 30 名韩国汉语学习者，高水平、低水平学习者各 15 名。低水平学习者来华学汉语时间为 1—2 年（不包括 1 年和 2 年）；高水平学习者来华学汉语时间为 2—3 年（不包括 2 年）。对来华时间短，但是在本国有较长学习经历从而水平较高的学习者进行了再分配。被试参加实验之前需完成 15 分钟的汉语水平模拟试题，将准确率达到 80% 以上、并在本国有汉语学习经历的低水平汉语学习者调入高水平组。所有被试均于 16 岁后开始学习汉语。平均年龄在 20—30 岁之间，其中男生 11 人，女生 19 人，无听觉和视觉障碍。实验长度为 90 分钟。同时，有 15 名汉语母语者作为参照组，母语者教育背景均为硕士研究生，年龄在 22—30 岁之间，男生 6 人，女生 9 人，普通话均为二级甲等。

由于个体工作记忆容量的差异是影响第二语言加工的重要因素，因此，本研究采用数字广度测量（digit span test）的方法，运用 Turner & Ridsdale（2004）的测量版本，对学习者工作记忆容量进行测量。被试的工作记忆容量通过 Z 分数计算，没有发现异常值。

此外，测量版本被翻译成韩国语，由一名韩国女性发音人录音，在测量中播放给每一位被试。所有被试的实验数据均被采用进行数据分析。

3. 实验任务。

实验任务在 Sternberg et al.（1978）即时回忆（memorization task）实验范式的基础上进行了调整。在 Sternberg 等的实验中，被试在电脑屏幕上看到所呈现的句子，熟悉句子内容，当被试确定自己熟悉了句子内容后，自主点击鼠标，句子消失，被试开始复述句子。本实验在 Sternberg et al.（1978）即时回忆任务的基础上进行了调整，当句子呈现在屏幕上时，对句子的呈现时间进行了限定，最长不超过 10 秒，也可以由被试根据自己的记忆情况自主点击鼠标。当 10 秒时间到或者被试自己自主点击鼠标时，句子消失，屏幕出现"请重复刚才的句子"的提示。因此,即时回忆任务主要体现被试对句子即时记忆后的产出,实验目的是考察产出句子中的韵律组块模式,实验材料通过PowerPoint 呈现。

4. 实验材料。

实验一共有 50 个句子,长度控制为 6—8 个词的长度(12—17 个音节)(见本章附录 6-1),句法结构包括简单主谓句、复句。句子中的词与词之间没有较高的共现率以避免固定搭配的词组对句子认知加工带来影响。

5. 实验步骤。

被试先阅读一遍所有实验材料的句子列表,主试在一边以确保被试明白所有句子的意思并且帮助被试搞清楚句子中的生词,被试同时完成句子难度调查问卷。完成问卷后,被试坐到电脑前完成由PowerPoint 所呈现的实验任务。

指导语:"感谢你来参加我的实验,本实验一共分为三个部分,一共包括 50 个句子。每个句子呈现 10 秒,10 秒后句子消失,你需要复述这个句子,你有 10 秒的时间复述这个句子。"

当被试阅读完指导语以后,点击鼠标开始完成 4 个练习任务,之后出现正式实验句子。屏幕出现句子,句子呈现 10 秒,也可以由被试根据自己的记忆情况自主点击鼠标。当 10 秒时间到或者被试自己自主点击鼠标时,句子消失,屏幕出现"请重复刚才的句子"。同时,屏幕呈现喇叭图像提示被试开始复述。被试复述刚才呈现的句子。被试需要在 10 秒内完成复述,也可以自主按空格键进行下一个任务;如果 10 秒时被试没有按键,屏幕自动显示进入下一任务。

6. 韵律组块单元边界的标注。

听者。三名听者参加了语料韵律边界的标注,听者平均年龄为 27 岁,听力正常,一名为经过标注训练的汉语母语者,两名为不具有语言学背景、未经过标注训练的汉语母语者。

听觉判断标准。听者通过听觉判断,标注出能感受到"语流间断"

的地方，标注结果遵循"少数服从多数"的原则，以两名及以上的听者的判断一致为准。

标注方式。听者通过音频播放软件根据自己的需要自主播放句子，也可以重复播放、反复听辨。通过汇总三名听者的标注结果，得出每一个被试的语料切分情况。研究者获得语料的切分情况后，通过Praat 5.4软件标注出每一个被试的语料中韵律边界处产生停顿和音节发生延长的地方。具体的标注方式以C-ToBI的韵律标注体系为参考，以英语作为第二语言的韵律标注方式作为参考，根据本研究需要，标注分为三个层级：（1）音节层。标出每个音节的声母、韵母和声调信息。（2）韵律边界的类型层。其中"前"表示句子发起时间——从句子消失到被试开口产出句子的时间；"延"表示该音节发生了延长，"停"是指停顿。（3）文字层。以汉字转写出句子的内容以及停顿的边界。

（三）实验结果

1.以韵律组块单元长度为因变量的方差分析结果。

被试背景的主效应显著，$F_{(2,42)}=29.278$，$p<0.0005$，$\eta_p^2=0.582$，经过Tukey-HSD事后检验的多重比较发现，同母语者组相比，学习者组包括高水平组和低水平组的韵律组块单元长度都更短（分别为3.9和3.7个音节的长度），$p<0.0005$，具有统计学上的显著差异。但是，高水平学习者和低水平学习者之间并没有显著差异，$p=0.657$。

表6-1　学习者和母语者的韵律组块单元长度（音节数）

	韵律单元长度 $M(SD)$	$F_{(2,42)}$	p	η_p^2
低水平学习者	3.7（0.66）			
高水平学习者	3.9（0.69）			
汉语母语者	5.9（1.13）	29.278	0.000	0.582

2.韵律边界处停顿时长、停顿频率的方差分析结果。

方差分析显示，被试背景的主效应显著，$F_{(2,42)}=63.578$，$p<0.0005$，$\eta_p^2=0.752$，Tukey-HSD事后检验发现，同母语者组相比，学习者组包

括高水平组和低水平组的平均停顿时长都更长（分别为502毫秒和550毫秒），$p<0.0005$。但是，高水平学习者和低水平学习者之间并没有显著差异，$p=0.485$。

以停顿频率为因变量的方差分析显示，被试背景的主效应显著，$F_{(2, 42)}=23.858$，$p<0.0005$，$\eta_p^2=0.532$，Tukey-HSD事后检验发现，同母语者组相比，学习者组包括高水平组和低水平组的停顿频率都更多（分别为13.2%和14.1%的停顿率），$p<0.0005$。但是，高水平学习者和低水平学习者之间并没有显著差异，$p=0.657$。

表6-2 学习者与母语者韵律边界处平均停顿时长（毫秒）

	平均停顿时长 $M(SD)$	$F_{(2, 42)}$	p	η_p^2
低水平学习者	550（145）			
高水平学习者	502（121）			
汉语母语者	121（59.7）	63.578	0.000	0.752

表6-3 停顿作为韵律边界的产出频率（%）

	停顿频率 $M(SD)$	$F_{(2, 42)}$	p	η_p^2
低水平学习者	14.1（4.2）			
高水平学习者	13.2（3.9）			
汉语母语者	5.7（2.6）	23.858	0.000	0.532

3. 韵律边界前音节延长量、延长频率方差分析结果。

以边界前音节延长量为因变量的方差分析发现，被试背景的主效应不显著，$F_{(2, 42)}=2.975$，$p=0.062$，$\eta_p^2=0.124$。这表明汉语学习者和母语者的边界前音节延长量并无显著差异。

以延长频率为因变量的方差分析表明，被试背景的主效应显著，$F_{(2, 42)}=15.316$，$p<0.0005$，$\eta_p^2=0.422$，Tukey-HSD事后检验发现，同母语者组相比，学习者组包括高水平组和低水平组的延长频率都更高（分别为7.2%和8.6%），$p<0.0005$。但是，高水平学习者和低水平学

习者之间并没有显著差异，$p=0.22$。

表6-4　学习者与母语者音节平均延长量（%）

	平均延长量 $M(SD)$	$F_{(2,42)}$	p	η_p^2
低水平学习者	69.2（19.9）			
高水平学习者	68.2（26.6）			
汉语母语者	53.7（13.6）	2.975	0.062	0.124

表6-5　边界前音节延长作为韵律边界的产出频率（%）

	延长频率 $M(SD)$	$F_{(2,42)}$	p	η_p^2
低水平学习者	8.6（2.5）			
高水平学习者	7.2（2.5）			
汉语母语者	4.0（1.8）	15.316	0.000	0.422

（四）讨论

本实验结果表明，汉语学习者在平均韵律组块单元长度、停顿频率、停顿时长、延长频率上均和汉语母语者有显著的差异，然而高水平学习者和低水平学习者却并没有体现出显著的差异。虽然高水平学习者在语法、词汇知识上具有较高水平，但对韵律组块能力并未带来积极影响，说明学习者的韵律组块模式并不完全依赖于句法结构。

1.关于汉语学习者韵律组块单元长度的讨论。

根据Levelt（1993）的韵律编码与加工模型，影响韵律组块单元长度有多种因素。在自然话语产出中，决定说话人组块长短的因素不仅仅包括所要表达的语义信息，还包括句法结构的可获得性、说话人为所说内容可被听众理解所作出的努力、说话人的平均语速等其他因素。对于母语者来说，提取、加工和组合连接韵律词是通过自动加工完成的。为了让听众更好地理解，自然话语产出语境中的说话人需要更多的时间选取合适的句法结构和听众互动，以确保对方能更准确地获得自己所表达的意义。韵律生成器也比在完成句子复述任务时需要同时加工多种信息，如对所要表达重要意义、表层结构和语调意义（语调意义包括态度和情绪等）的提取，因此限制了组块单元的长度。对于汉语二语者而言，学习者需要占用更多的注意资源，负有更多的"认知负荷"（cognitive load），因而会选择较短的韵律组块加工策略。具体而言，学习者韵律编码和加工能力不足直接影响了韵律组块单元的长度、韵律边界产生率和韵律边界的强度。尽管和母语者复述的是完全相同的句子，并且在相同的实验环境和实验任务中完成句子复述，但是汉语作为被试的第二语言，其韵律组块单元的生成过程的各个阶段包括词法/韵律拼读程序、音段拼读程序、语音拼读程序和语音计划的实施都比母语者需要更多的加工时间。组合语法成分和停延模式的过程可能也需要花费更多的认知加工资源才能完成。

因为学习者的句法编码过程受限，所以韵律编码和句法编码的合作过程受限，影响了韵律编码的过程。尽管学习者在复述句子之前阅读了所要复述的句法结构，在正式完成任务之前也对所要复述的句子有比较充分的准备，但是，复述句子的句法结构的加工和提取依然是控制性加工，需要分配更多的注意资源才能实现句法结构和韵律结构的映射和匹配。

学习者没有习得汉语韵律的停延模式，过度依赖句法结构进行切分和组块，因此韵律组块单元的长度整体较短、停顿频率和延长频率较高、韵律边界强度较长。

2. 关于汉语学习者停顿频率、停顿时长、边界前延长和延长率的讨论。

从停顿时长来看，学习者的数据都远远长于汉语母语者。其中，低水平学习者的平均停顿时长为550毫秒，高水平学习者的平均停顿时长为502毫秒，都远远长于汉语母语者的121毫秒，是母语者平均停顿时长的4—4.5倍。但是，在边界前音节延长量这一指标上，学习者和母语者也并未体现出显著的差异（低水平学习者的平均延长量为69.2%，高水平学习者为68.2%，母语者为53.7%）。停顿频率和停顿时长问题，反映了学习者语音编码策略的差异。他们倾向于过度使用声学线索（如停顿和延长）来标注韵律边界，而较少依赖于高级的语音信息（如语调变化等），并通过这种"过度标注"策略来补偿语音加工的困难。关于学习者和母语者在边界前音节延长量上没有显著差异的问题，按照信息加工理论，可能表明学习者使用延长量作为一种策略来增强韵律边界的清晰度，帮助他们更好地组织语言输出（Watson & Gibson，2004）。

3. 关于不同水平的汉语学习韵律组块特征的讨论。

本实验结果显示，该研究考察的指标均未显示出不同水平的学习者之间的显著差异，学习时间长度较长、汉语水平测试成绩较高的高水平学习者却并没有体现出比低水平学习者更显著的优势。这一结果说明，韵律组块能力在达到一定的语言水平后，进步速度会放缓，或者存在一个平台期。根据"技能习得理论"由控制加工向自动加工的过程中，学习者会经历一个比较长的平台期，要实现韵律组块加工的自动化，进一步的提升需要更深入的加工和更复杂的策略（Segalowitz & Hulstijn，2005）。

二、韩国汉语二语学习者口语韵律边界位置研究

句法结构是影响韵律边界的重要因素，母语者基本不会在联系紧密的句法成分内部进行韵律切分，因为句法结构对韵律结构具有约束作用（Cooper & Paccia-Cooper，1980；Umeda，1982；Gee & Grosjean，1983；Bachenko et al.，1986；Selkirk，1986b）。Selkirk（1986b）指出，句法成分左右边界和特定的韵律成分左右边界是对齐的，对韵律边界所产生的位置具有极大的预测作用，而边界的强度和出现率与加工因素有关（Watson & Gibson，2004；Wagner，2005；Ferreira，2007；Wagner & Watson，2010）。

汉语句法与韵律边界的关系已有较为翔实的理论探讨（王洪君，2001；曹剑芬，2003；王茂林，2011）。王洪君（2001）将不同的语法关系和韵律的对应关系分为黏合、组合和等立三种，认为黏合性质的定中、述补关系之间不倾向出现韵律边界，而无"的"组合的定中则组合关系较松，非施事话题—说明的松紧关系是最松的等立关系。曹剑芬（2003）对汉语句法与韵律边界的关系进行了详细的描述和概括。王茂林（2011）通过考察自然话语语料，全面地总结了汉语母语者口语产出中边界产出的规律，如单音节数词、量词、介词、助词、语气词独立性差等规律。

关于汉语作为第二语言的学习者口语韵律边界的研究，王冰（2015）考察了韩国留学生词间、词内的停顿偏误，结果发现，随着学习的深入，学习者的停顿位置的偏误数量减少，说明学习水平的提高有助于提高停顿位置的准确性。

虽然已有研究均显示学习者水平和句法结构是影响韵律切分的重要因素。但不同的研究者采用的实验任务和实验范式不同，因而对汉语学习者的韵律切分和韵律边界的研究结论也不一致。有鉴于此，本研究通过汉语母语者和汉语学习者在句法与韵律边界位置之关系的比较，探讨二者之间韵律边界的分布及其特点和规律。

（一）研究目的

本研究通过行为实验，主要探究和回答两个问题：（1）学习者和母语者的韵律边界分布是否受句法关系的约束和影响，二者的韵律边界分布是否存在差异；（2）不同汉语水平的学习者在韵律边界位置的分布上的特点和规律。

（二）研究方法

1. 研究设计。

本研究重点比较三组被试的韵律边界位置的分布规律，而非边界出现率的高低差异，不同的被试在进行韵律切分时可能会根据句法成分长度、句法成分的位置而采取不同的切分策略，因此，直接比较不同被试组之间因变量的高低并不能说明韵律切分能力的高低。因此，本研究并没有将被试的语言水平作为自变量设计在实验中，而是分别通过三个单因素被试内实验设计展示母语者、高水平学习者和低水平学习者的韵律边界分布，通过比较韵律边界的分布规律得出结论。在三个单因素被试内实验设计中，自变量均为句法关系，包括四个水平：主谓关系、动宾关系、偏正关系和述补关系。

对韵律边界位置的考察，主要计算这四种句法关系韵律边界出现率，计算公式为：

$$边界出现率 = \frac{韵律边界在该句法关系之间的出现次数}{某句法关系出现次数} \times 100\%$$

该因变量体现了被试在产出句子时在某种句法关系之间产生边界的频率，通过比较同一组被试在不同句法关系的边界出现率，可以得出该组被试更倾向于在哪种句法关系内部产出边界。

控制变量包括：词频以及词汇熟悉度。句子中的词均控制在《汉语水平词汇和汉字等级大纲》（修订版，2001）中的甲级词和乙级词范围内，其中95%为甲级词，以避免学习者因为不认识或不熟悉该词带来的词汇认读困难。句子难度通过五度量表打分界定，同研究一。

被试、实验任务同研究一。

2. 实验材料。

一共50个句子，长度控制为6—8个词的长度（10—15个音节，见本章附录6-1），实验句是包含了主谓关系、动宾关系、偏正关系和动补关系（主要为动结式）的简单主谓句和复句，句子中的词与词之间没有较高的共现率以避免固定搭配对句子认知加工带来影响。

（三）实验结果

数据分析通过对母语者、高水平学习者和低水平学习者三组数据的三次 F 检验进行。四种句法关系之间韵律边界出现频率为因变量的方差分析显示，母语者四种句法关系的边界出现率差异显著，$F_{(3, 42)}=69.58$，$p=0.00<0.05$，$\eta_p^2=0.83$；高水平学习者四种句法关系的边界

出现率也差异显著，$F_{(3,42)}$=41.71，p=0.00<0.05，η_p^2=0.75；低水平学习者四种句法关系的边界出现率也差异显著，$F_{(3,42)}$=37.95，p=0.00<0.05，η_p^2=0.73。

表6-6　四种句法关系之间边界出现的频率（%）

	主谓关系 M(SD)	动宾关系 M(SD)	偏正关系 M(SD)	述补关系 M(SD)	F	P	η_p^2
低水平	48.02（14.34）	14.45（10.96）	37.93（7.76）	15.26（8.06）	37.95	0.00	0.73
高水平	46.16（12.09）	36.07（10.61）	36.05（8.49）	14.61（8.65）	41.71	0.00	0.75
母语者	38.10（12.66）	11.48（5.74）	12.50（5.01）	0.30（1.13）	69.58	0.00	0.83

1.母语者韵律边界的位置分布。

由于自变量包含4个水平，因此，对4个水平之间的差异进行多重比较，结果显示：母语者产出的句子中，主谓之间出现边界的频率（M=38.1%，SD=12.66）显著多于动宾之间（M=11.48%，SD=5.74），主谓之间出现的边界频率也显著高于偏正之间（M=12.50%，SD=5.01），但是动宾之间和偏正之间出现的边界频率并没有显著差异，三种句法关系之内出现的边界频率均显著高于述补之间的边界频率。因此，对于母语者来说，韵律边界产生的位置的排序由高到低可以表达为：主谓关系＞动宾关系＝偏正关系＞述补关系。

2.高水平学习者韵律边界的位置分布。

高水平学习者所产出的句子中，主谓之间出现边界的频率（M=46.16%，SD=12.09）显著多于动宾之间（M=36.07%，SD=10.61），主谓之间出现的边界频率也显著高于偏正之间（M=36.05%，SD=8.49），但是动宾之间和偏正之间出现的边界频率并没有显著差异，三种句法关系之内出现的边界频率均显著高于述补关系之间出现的边界频率，因此，对于高水平学习者来说，韵律边界产生的位置的频次排序也可以表达为：主谓关系＞动宾关系＝偏正关系＞述补关系。

3.低水平学习者韵律边界的位置分布。

低水平学习者所产出的句子中，主谓之间出现边界的频率

（M=48.02%，SD=14.34）显著多于动宾之间（M=14.45%，SD=10.96），主谓之间出现的边界频率也显著高于偏正之间（M=37.93%，SD=7.76），偏正之间出现的边界频率显著高于动宾之间出现的频率，而动宾之间和述补之间出现的边界频率并没有显著差异。因此，对于低水平学习者来说，韵律边界产生的位置可以表达为：主谓关系＞偏正关系＞动宾关系＝述补关系。

（四）讨论

高水平学习者韵律边界的分布和母语者韵律边界的分布呈现一致性，韵律边界分布的排序为：主谓关系＞动宾关系＝偏正关系＞述补关系。低水平学习者韵律边界位置分布模式和二者不同，其表现为：主谓关系＞偏正关系＞动宾关系＝述补关系。

本研究结果显示，高水平学习者虽然在韵律切分手段和方式上并没有显示出优势，但是，在韵律切分的位置上却显示出比低水平学习者更加准确、更加接近母语者模式的特点。原因有二：（1）韵律切分能力作为内隐技能，包含多个层面的指标，各个层面的发展并不均衡。而在韵律边界产生的位置也就是切分位置这一层面来说，学习者水平的差异对这一层面的表现有影响。学习者在课堂中的外显学习和在目的语环境中的内隐学习，都可能会对韵律切分能力的这一层面带来积极的作用。（2）韵律边界的分布较高程度地依赖于句法结构，而又由于高水平学习者的句法能力优于低水平学习者，因此在本实验中，高水平学习者体现出更接近母语者的表现。Ferreira（1993）在对英语韵律结构的考察中发现，句法结构虽然有可能影响韵律边界的产生，但是不影响边界的强度，影响边界强度的是加工因素。本研究的结果支持Ferreira的结论，证实了句法结构对韵律边界产生的影响。

此外，在汉语母语者的口语产出中，述补关系之间出现边界的情况几乎为零（0.30%），这是汉语的动结式短语的特殊性所带来的结果。但是，学习者在动结式之间的切分率均较高，低水平学习者动结式之间和动宾关系之间的切分率并无显著差异。这从另一个侧面说明，对于母语者来说，内部紧密的句法成分关系（如动结式）可以决定该成分内部极少出现边界，但是对于学习者来说，由于没有将动结式作为整体结构习得，从而会产生"错误的"切分。在口语产出的词汇提取阶段，学习者将动结式的词语以词语组合的方式提取，加入了句法编码的过程，因此，动结式之间出现了切分。从这种角度来说，学习者韵律组块过程也受到学习经验的影响。因此，课堂教学方法对提升学习者韵律组块能力有重要意义。

低水平学习者这样切分句子的原因除了前文所述的习得方式的不同，也有可能是因为低水平学习者的韵律和句法的编码、加工能力均较弱。他们在韵律切分过程中需要更频繁地切分来赢得加工时间。

综上所述，随着学习者水平的提高，句法能力和词汇能力的增加，当学习者之间有了1—2年的学习时长差异时，边界位置这一指标体现出随着学习时长增加而发展的特点，水平较高的学习者韵律边界位置更加接近母语者的模式。

三、句法结构和句子长度对汉语二语学习者口语韵律组块的影响

句法结构是影响韵律组块的最重要的因素，母语者基本不会进行不符合句法结构的韵律切分，句法结构对韵律结构具有约束作用（Cooper & Paccia-Cooper, 1980；Umeda, 1982；Gee & Grosjean, 1983；Bachenko et al., 1986；Selkirk, 1986b），很多学者认为口语韵律切分是完全受句法结构所制约的（Cooper & Paccia-Cooper, 1980；Umeda, 1982），但也有学者认为句法结构和韵律结构是相互独立的，二者的关系是间接的（Gee & Grosjean, 1983；Bachenko et al., 1986；Selkirk, 1986b）。王蓓、杨玉芬、吕士楠（2002）认为，句法结构并不是决定韵律边界结构的唯一因素，场合、说话人的语言能力、说话

风格、口音和情绪等都是影响韵律特征的重要因素。

句法结构对韵律组块的影响可能体现在韵律边界的强度上（Gee & Grosjean，1983；Bachenko et al.，1986），也可能体现在准确预测韵律边界是否出现上（Ferreira，1993），也有部分学者认为边界的强度和出现率与加工因素有关（Watson & Gibson 2004；Wagner，2005；Ferreira，2007；Wagner & Waston，2010；Ferreira & Karimi，2015），而加工因素受到句子成分之间的复杂关系的影响。

此外，韵律切分也受到句子长度的影响，Cooper & Paccia-Cooper（1980）的研究得出，说话人倾向于产出相同长度的韵律短语。因此，当一个停延发生在小等级的句法边界时，句法结构和韵律结构便分离了。也就是说，说话人无法毫无停顿地说一个很长的句子，而必须要在中间某个部分停一下，以保证节奏，这样的行为就体现在韵律平衡原则上。

关于汉语普通话的句法结构和韵律组块的关系研究有较为翔实的论述（曹剑芬，2001；王洪君，2008）。王茂林（2011）通过对电话录音语料的分析发现，自然对话中的汉语普通话韵律组块主要有八个特征：韵律词长限制条件、独立成步限制条件、直接成分优先原则、意义单元制约条件、虚词规则、低及物性动词制约条件、平衡原则、重音制约条件。不同长度的韵律单元基本遵循以上八条规则。

韵律组块能力作为言语产出技能的一部分，是一种内隐的、自动化的技能。对于二语者来说，这种内隐的技能并没有从课堂教学中通过外显的方式获得，因此，学习者的韵律组块模式很有可能会通过补偿机制依赖于他们的句法知识，在韵律边界产生的位置上会和句法边界高度吻合（高思畅、王建勤，2018，2019）。但是，学习者在言语产出时，韵律边界强度上体现出更长时间的停延时长，带来听感上"不连贯"和"节奏感不强"的感受。他们在进行韵律组块过程中过于依赖于句法。如果更复杂的结构带来更长的停顿是因为说话人需要更多的时间来计划提取复杂的结构（Ferreira，1993），那么对于学习者来说，更复杂的结构加工时间可能成倍地增长。本研究试图对这一问题进行考察和验证。

（一）研究目的

针对上述问题，本研究主要探讨句法结构和句子长度这两个因素是如何影响学习者的韵律组块的。具体包括：（1）句法结构对学习者的韵律组块的影响是否和对母语者的影响相同？（2）句子长度对学习者的韵律组块的影响是否和对母语者的影响相同？（3）在句法结构和句子长度的影响下，学习者的停顿时长、停顿频率、延长量、延长频率这四个韵律组块能力的指标会有怎样的表现？

（二）研究方法

1. 研究设计。

本研究为 2×2×2 三因素混合实验设计。

因素一为句法结构，被试内变量，分为以下两个水平：单句，即简单主谓句，且均为动词性短语做谓语的常见句式，不包括无主语、形容词谓语句等句型；复句，包括联合复句和偏正复句，不包括多重复句（详见本章附录6-1）。

因素二为句子长度，被试内变量，这里的句子长度是指相对长度，分为两个水平：长句，句子长度为14—15个音节的句子；短句，句子长度为10个音节的句子。

因素三为被试背景，被试间变量，分为两个水平：汉语学习者、汉语母语者。

因变量为韵律切分手段（停顿和延长）和韵律边界强度（停顿时长、延长量）的指标，其中韵律切分手段的指标为停顿频率和延长频率，韵律边界强度的指标为停顿时长和延长量。具体指标为：

（1）边界处停顿时长（毫秒）；

（2）停顿出现的频率：停顿频率 = $\frac{停顿次数}{产出音节总数}$ ×100%；

（3）边界前音节时长延长量：

$$延长量 = \frac{边界前音节绝对时长（毫秒）-该发音人音节平均时长（毫秒）}{该发音人的音节平均时长（毫秒）} \times 100\%;$$

（4）边界前音节延长出现的频率：$延长率 = \frac{延长次数}{产出音节总数} \times 100\%$。

控制变量：（1）词频以及词汇熟悉度。句子中的词均控制在《汉语水平词汇和汉字等级大纲》（修订版，2001）中的甲级词范围内，以避免学习者因为不认识或不熟悉该词所带来的加工困难。（2）句子难度。句子难度由实验前的问卷调查通过五度量表打分界定，被试对实验中的句子进行难度打分（问卷示例请见本章附录6-2），通过该问卷剔除实验中被试觉得很难的句子，目的是控制由于句子太难而带来的加工困难，以免加工因素影响了对本实验自变量的考察。

2. 被试。

实验被试为从北京各高校招募的20名韩国学生，所有被试均于16岁后到北京从零开始学习汉语，每周至少20小时，来京学汉语时间为2.5年以上但不超过4年。所有的被试均经过研究者自制的汉语测试鉴定（测试时长30分钟，题目模拟汉语水平考试题型设计，主要为阅读和词汇题，以确保被试的语法能力相似）。选择测试中达到80%的成绩的被试男生12人，女生8人，无听觉和视觉障碍。同时，20名汉语母语者作为参照组。正式研究通过数字广度测量（digit span test）对学习者进行了工作记忆容量的测量，确保被试中没有工作记忆容量过高或者过低的个体。实验任务同研究一、研究二。

3. 实验步骤。

被试先阅读一遍所有实验句子完成句子难度调查问卷，主试在一边以确保被试明白所有句子的意思并且帮助被试搞清楚句子中的生词。然后，被试完成工作记忆容量的测试。完成测试后，被试坐到电脑前完成实验任务。首先，被试阅读中文和韩语双语版本的指导语，当被试阅读完指导语，主试确认其理解实验任务以后，点击鼠标开始完成4个练习任务，之后出现正式实验句子，实验任务通过PowerPoint软件随机呈现句子完成。

（三）实验结果

1. 以停顿频率为因变量的方差分析结果。

以停顿频率为因变量的方差分析显示：被试背景的主效应显著，$F_{(1, 38)}$=34.443，p=0.000<0.05，η_p^2=0.475；句法结构的主效应显著，$F_{(1, 38)}$=17.223，p=0.000<0.05，η_p^2=0.311；句子长度的主效应显著，$F_{(1, 38)}$=15.24，p=0.000<0.05，η_p^2=0.286。被试背景、句法结构和句子长度三重交互作用显著，$F_{(1, 38)}$=15.473，p=0.000<0.05，η_p^2=0.285。这说明句法结构如何起作用会受到被试背景和句子长度的影响，而句子长度的作用也会受到被试背景和句法结构复杂度的影响。

表 6-7 句子复杂度和句子长度条件下停顿频率（%）

	长句		短句	
	单句	复句	单句	复句
母语者 $M(SD)$	5.4（2.3）	7.6（3.6）	4.2（2.4）	6.5（4.2）
学习者 $M(SD)$	17.7（4.9）	17.8（4.0）	10.2（4.9）	17.7（6.8）

根据本研究的研究目的，进一步从两个方向进行简单简单效应检验，第一个方向为固定被试背景和句子长度，考察句法结构对停顿频率的影响，在这个方向的检验结果显示：（1）当产出长句时，在学习者水平上，句法结构效应不显著，$F_{(1, 38)}$=0.01，p=0.921>0.05，η_p^2=0.0003，在母语者水平上，句法结构的效应也不显著，$F_{(1, 38)}$=3.01，p=0.091>0.05，η_p^2=0.073。（2）当产出短句时，在学习者水平上，句法结构效应显著，$F_{(1, 38)}$=24.89，p=0.000<0.05，η_p^2=0.396，复句的停顿频率（M=17.7%，SD=6.8）显著高于单句的停顿频率（M=10.2%，SD=4.9）；在母语者水平上，句法结构的效应不显著，$F_{(1, 38)}$=2.24，p=0.142>0.05，η_p^2=0.056。第二个方向为固定被试背景和句法结构，考察句子长度对停顿频率的影响，在这个方向的检验结果显示：（3）当产出句子为单句时，在学习者水平中，句子长度的效应显著，$F_{(1, 38)}$=45.63，p=0.000<0.05，η_p^2=0.546，长句的停顿频率（M=17.7%，SD=4.9）

显著高于短句（M=10.2%，SD=4.9）。但在母语者水平中，句子长度的效应不显著，$F_{(1, 38)}$=1.45，p=0.236，η_p^2=0.036。（4）当产出句子为复句时，在学习者和母语者水平中，句子长度的效应均不显著。

综上所述，句法结构和句子长度对学习者的停顿频率产生影响，而并未对母语者的停顿频率产生显著影响。当产出短句时，学习者在复句的停顿频率（M=17.7%，SD=6.8）显著高于单句的停顿频率（M=10.2%，SD=4.9）；当产出单句时，学习者在长句上的停顿频率（M=17.7%，SD=4.9）显著高于短句（M=10.2%，SD=4.9）。

2. 以停顿时长为因变量的方差分析结果。

以停顿时长为因变量的方差分析显示：被试背景的主效应显著，$F_{(1, 38)}$=80.443，p=0.000<0.05，η_p^2=0.679，汉语母语者的停顿时长显著低于学习者；句法结构的主效应不显著，$F_{(1, 38)}$=3.438，p=0.071>0.05，η_p^2=0.082；句子长度的主效应显著，$F_{(1, 38)}$=19.02，p=0.000<0.0005，η_p^2=0.334，母语者和学习者在长句上的停顿时长显著高于短句的停顿时长。被试背景和句子长度二者之间并无两重交互作用，这说明句子长度对学习者和母语者停顿时长造成的影响不因句法结构的不同而有所改变。

表6-8 句子复杂度和句子长度条件下停顿的时长（毫秒）

	长句		短句	
	单句	复句	单句	复句
母语者 $M(SD)$	149（106）	166（126）	57（32）	108（33）
学习者 $M(SD)$	562（186）	569（143）	303（80）	426（317）

3. 以延长量为因变量的方差分析结果。

以延长量为因变量的方差分析显示：被试背景的主效应显著，$F_{(1, 38)}$=8.39，p=0.006<0.05，η_p^2=0.181，汉语学习者的延长量显著高于汉语母语者；句法结构的主效应不显著，$F_{(1, 38)}$=2.953，p=0.094，η_p^2=0.072；句子长度的主效应不显著，$F_{(1, 38)}$=0.498，p=0.484，η_p^2=0.013。

4. 以延长频率为因变量的方差分析结果。

以延长频率为因变量的方差分析显示：被试背景的主效应显著，$F_{(1, 38)}$=17.608，p=0.000<0.05，η_p^2=0.316；句法结构的主效应显著，$F_{(1, 38)}$=20.11，p=0.000<0.05，η_p^2=0.346；句子长度的主效应显著，$F_{(1, 38)}$=14.332，p=0.000<0.05，η_p^2=0.274。被试背景、句法结构复杂度和句子长度三重交互作用显著，$F_{(1, 38)}$=7.614，p=0.009<0.05，η_p^2=0.167。这说明句法结构如何起作用会受到被试背景和句子长度的影响，而句子长度的作用也会受到被试背景和句法结构的影响。

表 6-9　句子复杂度和句子长度条件下的延长率（%）

	长句 单句	长句 复句	短句 单句	短句 复句
母语者 $M(SD)$	1.3（0.2）	3.0（2.2）	5.0（1.9）	5.9（3.4）
学习者 $M(SD)$	4.2（2.0）	6.6（3.6）	5.0（2.8）	9.9（2.1）

根据本研究的研究目的，进一步从两个方向进行简单简单效应检验，第一个方向为固定被试背景和句子长度，考察句法结构对延长频率的影响，在这个方向的检验结果显示：（1）当产出长句时，在学习者水平上，句法结构主效应显著，$F_{(1, 38)}$=11.27，p=0.002<0.05，η_p^2=0.229，复句的延长频率（M=6.6%，SD=3.6）显著高于单句的延长频率（M=4.2%，SD=2.0）；在母语者水平上，句法结构的效应不显著。（2）当产出短句时，在学习者水平上，句法结构效应显著，$F_{(1, 38)}$=28.93，p=0.000<0.05，η_p^2=0.432，复句的延长频率（M=9.9%，SD=2.1）显著高于单句的延长频率（M=5.0%，SD=2.8）；在母语者水平上，句法结构的效应不显著。第二个方向为固定被试背景和句法结构，考察句子长度对延长频率的影响，在这个方向的检验结果显示：（3）当产出句子为单句时，在学习者水平中，句子长度的效应不显著，但在母语者水平中，句子长度的效应显著，$F_{(1, 38)}$=15.7，p=0.000<0.05，η_p^2=0.292，长句的延长频率（M=1.3%，SD=0.2）显

著低于短句（M=5.0%，SD=1.9）；（4）当产出句子为复句时，在学习者水平中，句子长度的效应显著，$F_{(1, 38)}$=11.24，p=0.002<0.05，η_p^2=0.228，长句的延长频率（M=6.6%，SD=3.6）显著低于短句（M=9.9%，SD=2.1）；在母语者水平中，句子长度的效应也显著，$F_{(1, 38)}$=12.89，p=0.000<0.05，η_p^2=0.252，长句的延长频率（M=3.0%，SD=2.2）显著低于短句（M=5.9%，SD=3.4）。

综上所述，句法结构对学习者的延长频率上产生影响，而对母语者不产生影响。当产出长句时，学习者产出复句的延长频率（M=6.6%，SD=3.6）显著高于单句的延长频率（M=4.2%，SD=2.0），当产出短句时，学习者复句的延长频率（M=9.9%，SD=2.1）也显著高于单句的延长频率（M=5.0%，SD=2.8），而母语者在长句和短句上都没有体现出句法结构的效应；句子长度对学习者和母语者的延长频率均产生影响，当产出单句时，母语者长句的延长频率（M=1.3%，SD=0.2）显著低于短句（M=5.2%，SD=2.6），学习者的效应不显著；当产出复句时，母语者的长句的延长频率（M=3.0%，SD=2.2）也显著低于短句（M=5.9%，SD=3.4），学习者体现出相同的规律。

（四）讨论

根据实验结果，我们有三点发现：

1. 句法结构对学习者的停顿频率和延长频率产生显著影响，而不对母语者产生影响，且句法结构对学习者的延长频率的影响不因句子长度变化而有所不同。学习者的停顿频率受到句法结构和句子长度交互作用的影响：当产出短句时，学习者在复句的停顿频率显著高于单句；当产出单句时，学习者在长句的停顿频率显著高于短句。例如某学习者在以下三句话中体现出的停顿：

> 我［停］每天［停］复习［停］生词写［停］汉字。（短复句）
> 我［停］终于收到了［停］生日礼物。（短单句）
> 小李［停］很快［停］看完了［停］你［停］昨天给他买的书。（长单句）

由此可见，学习者的韵律组块能力的停顿频率这一指标，既受到句子长度的约束，也受到句法结构复杂度的约束，二者相互限制，共同影响学习者韵律组块中的停顿频率。

为了考察影响学习者的停顿频率指标中上述两个因素的影响力作用等级，本研究继续比较了单长句组和复短句组的停顿频率的差异，并假设如果单长句的停顿频率显著地比短复句的停顿频率高，说明句子长度的影响力为最强，句法结构复杂度次之，二者的影响作用呈现等级效应；反之则是句法结构的影响力较句子长度更强。统计分析结果显示，长单句的停顿频率和短复句并无显著差异，t=0.175，p=0.607>0.05，说明学习者的停顿频率受到句子长度和句法结构的影响，而这两个因素的影响并没有呈现出谁更优先于谁的影响力层级关系。

从延长频率这一指标来看，学习者的表现仅受到句法结构的显著影响，不管是产出长句还是短句，学习者产出复句的延长频率显著高于单句的延长频率。这一表现体现出了句法结构影响力较大，句法结构的影响并不因为句子长度变化而被抵消。

2. 句子长度对母语者和学习者的停顿时长均产生显著影响，该影响不因句法结构不同而有所不同；学习者和母语者的延长量均不受句法结构和句子长度的影响。对于母语者来说，句法结构的影响并不显著，但是句子长度带来显著的影响，这个结果说明：母语者的韵律组块模式更加受到韵律结构本身的影响，Ferreira（1993）认为句子长度体现在所包含的音节数上，因此，句长对韵律边界产生所带来的影响是句子的韵律结构本身对韵律边界的影响这一结果和英语韵律组块中的部分研究结果一致（Ferreira，1993，2007；Ferreira & Karimi，2015）。但是对于学习者来说，由于其韵律组块能力的发展不足，所以更加依赖于句法结构，才会在停顿频率和延长频率中体现出比母语者更加受到句法结构影响的倾向。

停顿时长和延长量代表的是韵律边界的强度问题。已有研究中，单句相较于复句，尽管句子长度一样，但是，单句的边界强度更低（Bachenko *et al.*，1986；曹剑芬，2001）。因为当句法结构不同时，句法成分之间的内在逻辑关系不同，不同的句法成分的逻辑关系也会影响韵律组块层级分布。Bachenko et al.（1986）得出句子与修饰成分之间的边界强度最强，曹剑芬（2001）汉语普通话停顿位置分布的研究中认为复合句的小句之间的停顿强度为一级强度，即最高级别。但是，在本实验中，句法结构的不同，并没有对边界强度形成显著的影响，并没有支持已有研究中认为句法关系之间的交互作用会决定韵律边界强度的观点，但是，本研究的这个结果支持了 Ferreira（1993）的观点，句法结构虽然有可能影响韵律边界的产生，但是不影响边界的强度，而句子长度对学习者和母语者的韵律边界强度影响均显著，该结论支持了已有研究中关于边界强度和加工因素有关的结论。

3. 句子长度对母语者的延长频率产生显著影响，句子长度对学习者的延长频率也产生显著影响，但是该影响仅在学习者产出复句时发生。

音节延长作为韵律切分手段之一，能带给我们听觉上的"语流间断"的感受，对于说话人来说，应该更倾向于在长句中产生更频繁的切分，而母语者和学习者均表现出在短句上运用音节延长来切分语流的频率高于在长句上的。音节延长只是韵律切分的手段之一，延长频率应该和停顿频率结合起来看。Ferreira（2007）的研究中指出母语者对韵律切分手段的使用上有一个权衡效应，当停顿作为韵律边界出现次数较多时，音节延长出现的次数会相应较少，令整体的韵律边界的次数较为平衡，而本研究的结果和 Ferreira 的该结论相符。

无论是单句还是复句，母语者在较短的句子上（本研究的 10 个音节的长度的句子上），会出现比长句（15 个音节）更频繁的音节延长。该结论也从侧面说明，句子长度比句法结构对母语者韵律边界的频率的影响力大，至少在音节延长作为韵律切分手段这一层面上。这一结果并没有在已有研究中找到相似的发现，音节延长作为韵律边界的声学线索之一，其强度略低于停顿，我们推测，在母语者产出的句子较短时，并不需要使用一个强边界来切分句子，更倾向于使用音节延长作为韵律切分手段。

母语者在长单句中采用了停顿,而在短单句中,由于整体句子只有 10 个音节的长度,不需要产生停顿这样的强边界,于是母语者倾向于采用音节延长作为韵律切分手段,因此,短句的音节延长的频率反而高于长句的延长频率,母语者的长句的停顿频率的平均值是高于短句的,尽管二者没有统计学上的显著差异,但是可以作为解释短句中延长反而较多的一个原因。

四、句法成分长度对韵律组块的影响

(一)研究目的

本研究以汉语学习者在即时回忆任务中产出的句子作为口语语料,通过语料标注,考察不同的句法成分长度、句法成分的位置对学习者的韵律切分手段(包括停顿率和边界前音节延长率)、韵律边界强度(包括停顿时长和边界前音节延长量)的影响。

(二)研究方法

1. 研究设计。

本研究为 $2 \times 3 \times 2$ 混合实验设计。

因素一是修饰语长度,为被试内变量,包括两个水平:修饰语较长,5—6 个音节;修饰语较短,3 个音节。

因素二是修饰语的位置,被试内变量,分为三个水平:修饰主语中心词、修饰谓语中心词、修饰宾语中心词。

因素三为被试背景,被试间变量,分为两个水平:汉语学习者、汉语母语者。

因变量为韵律切分手段(停顿和边界前音节延长)和韵律边界强度(停顿时长、边界前音节延长量)的指标,其中韵律切分手段的指标为停顿频率和边界前音节延长频率,韵律边界强度的指标为停顿时长和边界前音节时长延长量。具体指标为:

边界处停顿时长（毫秒）；

停顿出现的频率：停顿频率 = $\frac{停顿次数}{产出音节总数}$ × 100%

边界前音节时长延长量：

延长量 = $\frac{边界前音节绝对时长（毫秒）-该发音人音节平均时长（毫秒）}{该发音人的音节平均时长（毫秒）}$ × 100%

边界前音节延长出现的频率（%），延长率 = $\frac{延长次数}{产出音节总数}$

控制变量包括：（1）词频以及词汇熟悉度，句子中的词均控制在《汉语水平词汇和汉字等级大纲》（修订版，2001）中的甲级词范围内，以避免学习者因为不认识该词所带来的加工困难。（2）句子难度，句子难度由实验后的问卷调查通过五度量表打分界定。（3）句子长度，句子长度控制为10—11个音节的长度，其中5个句子是11个音节，其余均为10个音节长度的句子，句子平均由7个词组成。

2. 被试、实验任务同研究一。

3. 实验材料。

一共24个句子，均为简单主谓句，分为两大组：第一组为修饰语成分较长的句子，其中又分为三小组，分别为修饰主语中心词、谓语中心词、宾语中心词的句子，每一小组4句。第二组为修饰语成分较短的句子，其中又分为三小组，分别为修饰主语中心词、谓语中心词、宾语中心词的句子，每一小组也是4句。具体实验材料见本章附录6-1。

4. 实验步骤。

被试先阅读一遍所有实验材料的句子列表，主试在一边以确保被试明白所有句子的意思并且帮助被试搞清楚句子中的生词，被试同时完成句子难度调查问卷。完成问卷后，被试坐到电脑前完成由PowerPoint所呈现的实验任务。

（三）实验结果

本实验是重复测量两个因素的2×3×2三因素混合设计，其中被试背景（汉语母语者、汉语学习者）是被试间变量，修饰语长度（修饰语较长、修饰语较短）和所修饰的中心词位置（主语中心词、谓语中心词、宾语中心词）是被试内变量，因变量是停顿频率、平均停顿时长、音节延长频率和平均音节延长量。以下部分将依次报告以上述四个测量指标为因变量的三因素混合设计的方差分析结果。

1. 以停顿频率为因变量的方差分析结果。

方差分析显示，被试背景的主效应显著，$F_{(1, 28)}=34.17$，$p<0.0005$，$\eta_p^2=0.550$，汉语母语者的停顿频率显著低于汉语学习者的停顿频率；中心词位置的主效应显著，$F_{(2, 28)}=3.891$，$p=0.026<0.05$，$\eta_p^2=0.122$；修饰语长度的主效应不显著，$F_{(1, 28)}=1.898$，$p=0.179$，$\eta_p^2=0.063$。被试背景、修饰语长短和中心词位置无显著交互作用。

表6-10 不同句法成分长度条件下停顿频率（%）

	修饰语较长 $M(SD)$	修饰语较短 $M(SD)$
汉语学习者		
主语中心词	17.3（15.4）	12.3（5）
谓语中心词	9.4（5.6）	9.6（5.6）
宾语中心词	12.9（6）	10.4（5.5）
汉语母语者		
主语中心词	4.4（3.7）	6.4（2.9）
谓语中心词	5.1（4）	4.5（2.2）
宾语中心词	5.5（3.9）	4.5（2.3）

因为中心词位置为三个水平的被试内测量因素，因此继续对该变量进行多重比较，本实验采用了三个水平之间两两水平之间的配对样本t检验，得出的结果显示：

表6-11 中心词所处位置不同对停顿频率的影响

	停顿频率（%）$M(SD)$	t	p	Cohen's d
主语—谓语	10.1（7.6）-7.1（4.4）	2.307	0.028	0.483
主语—宾语	10.1（7.6）-8.3（5.1）	1.404	0.171	0.278
宾语—谓语	8.3（5.1）-7.1（4.4）	2.146	0.04	0.252

所修饰的中心词在主语和在谓语时，也就是说，主语成分和谓语成分较长时，停顿频率有显著差异，$t_{(1, 28)}$=2.307，p=0.028<0.05，主语做中心词的停顿频率（M=10.1%，SD=7.6）显著高于谓语做中心词的停顿频率（M=7.1%，SD=4.4）；所修饰的中心词在宾语和在谓语时，停顿频率也有显著差异，$t_{(1, 28)}$=2.146，p=0.04<0.05，句子中宾语做中心词的停顿频率（M=8.3%，SD=5.1）显著高于谓语做中心词的停顿频率（M=7.1%，SD=4.4）；所修饰的中心词在主语和在宾语时，停顿频率没有显著差异，$t_{(1, 28)}$=1.404，p=0.171。

综上，无论修饰语长短，被修饰的中心词在主语和宾语位置的句子的停顿频率都显著高于中心词在谓语的句子的停顿频率，而修饰语在主语和在宾语对停顿频率并没有显著的影响，以上规律在学习者和母语者中均有体现。

2. 以停顿时长为因变量的方差分析。

被试背景的主效应显著，$F_{(1, 28)}$=40.418，p<0.0005，η_p^2=0.589，汉语母语者的停顿时长显著低于汉语学习者的停顿时长；中心词位置的主效应不显著，$F_{(2, 28)}$=0.712，p=0.495，η_p^2=0.025；修饰语长度的主效应不显著，$F_{(1, 28)}$=0.047，p=0.831，η_p^2=0.002。被试背景、修饰语长短和中心词位置无显著交互作用。

表 6-12　不同句法成分长度条件下停顿时长（毫秒）

	修饰语较长 M（SD）	修饰语较短 M（SD）
汉语学习者			
主语中心词	375（141）	448（226）
谓语中心词	416（437）	411（313）
宾语中心词	318（285）	315（212）
汉语母语者			
主语中心词	75（47）	81（53）
谓语中心词	85（99）	88（78）
宾语中心词	77（45）	54（26）

3. 以延长频率和延长量为因变量的方差分析结果。

以边界前音节延长量为因变量的方差分析显示被试背景、中心词位置以及修饰语长度三个自变量的主效应均不显著。而以延长频率为因变量的方差分析显示：被试背景的主效应显著，$F_{(1, 28)}$=5.218，p=0.03<0.05，η_p^2=0.157；中心词位置的主效应显著，$F_{(2, 28)}$=3.826，p=0.028<0.05，η_p^2=0.12；修饰语长度的主效应显著，$F_{(1, 28)}$=5.572，p=0.025<0.05，η_p^2=0.166。被试背景、中心词位置和修饰语长度三重交互作用显著，$F_{(1, 28)}$=4.837，p=0.012<0.05，η_p^2=0.147。这说明中心词位置不同会受到被试背景和修饰语长度的影响，而修饰语长度的作用也会受到被试背景和中心词位置的影响。根据本研究的研究目的，进一步进行简单简单效应检验，结果显示：学习者在产出较长的修饰语时，中心词所处的位置的效应显著，宾语做中心词的延长频率（M=10.2%，SD=4.7）和主语做中心词（M=7.5%，SD=5.2）、谓语做中心词（M=5%，SD=4）的延长频率有显著不同。当学习者产出句子为中心词在宾语位置时，修饰语长度的效应显著，修饰语较长的句子的延长频率（M=10.2%，SD=4.7）显著长于修饰语较短的句子的延长频率（M=5%，SD=4.6）。而母语者并没有体现出相似的规律。但是延长率的数据分析显示效应量（η_p^2）值很小，三个主效应的效应量就比较低，三重交互作用的效应量也只有 0.147，说明方差分析的数据结果被实验效应解释的效度较低，因此，在本实验的数据结果分析中，结果可能是由实验设计产生，也可能是实验中的干扰因素带来的。

表6-13 不同句法成分长度条件下的音节延长频率（%）

	修饰语较长 $M(SD)$	修饰语较短 $M(SD)$
汉语学习者		
主语中心词	7.5（5.2）	6.8（3.2）
谓语中心词	5（4）	4.6（3.6）
宾语中心词	10.2（4.7）	5（4.6）

续表

	修饰语较长 M(SD)	修饰语较短 M(SD)
汉语母语者		
主语中心词	3.9（4.7）	4.1（3.7）
谓语中心词	4.2（3.2）	4.1（2.9）
宾语中心词	4.1（2）	5.5（3）

（四）讨论

研究结果显示，句法成分长度对学习者的韵律边界产生的频率（包括停顿率和延长率）产生显著的影响，但是对韵律边界的强度却未产生显著的影响。对于母语者来说，句法成分长度仅对停顿频率产生了显著的影响，学习者也体现出和母语者相同的表现。

从停顿频率指标的结果来看，句法成分的长度，即修饰语的长短和所修饰的中心词的位置，影响学习者和母语者的停顿频率，但是该影响取决于修饰语所处的位置。不管修饰语成分是长还是短，修饰语成分出现在主语位置的句子停顿频率（$M=10.1\%$，$SD=7.6$）就会显著高于修饰语成分在谓语部分的停顿频率（$M=7.1\%$，$SD=4.4$）；修饰语成分出现在宾语成分产生的停顿频率（$M=8.3\%$，$SD=5.1$）也要高于修饰语在谓语部分的句子；但是修饰语在主语和宾语时，停顿频率却没有显著差异。这说明，无论修饰语长短，修饰语的位置显著地影响了停顿频率的差异，即句法成分的相对长度不一致会影响停顿频率。母语者和学习者都表现出这样的规律。

本研究的实验材料的句子长度为10—11个音节的句子，而且都是简单主谓句，词汇难度也比较低，从句子长度和句法结构复杂度的角度来讲，母语者有能力将整个句子"打包"加工，产出较为整体的韵律组块单元，但是，当修饰语所处的句法位置不同时，母语者却在停顿频率上表现出显著的差异。当句子中出现定中关系时，母语者和学习者均更倾向于产生停顿,也就是说,母语者和学习者在加工具有定中关系的主语和宾语时,消耗了更多的加工资源,需要调动更多的加工资源来进行组块和产出,这个现象不受定中关系出现的位置影响。但是对于状中关系的加工却更加轻松一些,所以并不会带来更频繁的停顿。

从延长频率的指标来看,句法成分长度并没有影响母语者的延长频率,但是,学习者的延长频率受到影响。当修饰语较长时,修饰语所处的位置差异显著,同时,当修饰语处于宾语位置时,修饰语较长的句子的延长频率($M=10.2\%$,$SD=4.7$)显著地高于修饰语较短的句子($M=5\%$,$SD=4.6$)。这可能是因为学习者在产出句子的过程中,当宾语整体较长时,不得不利用音节延长来赢得加工时间。结合停顿频率和延长频率的结果可以说明,学习者的韵律组块更加受到句法成分长度的限制。而对于母语者来说,修饰语长度的影响反而不如修饰语所在位置带来的影响大。此外,延长频率的研究结果中主效应和交互作用的效应量均很小,所以不排除有干扰因素影响了实验结果。

关于延长频率的结果也同时说明:学习者的韵律组块比母语者更加受到句法成分长度的限制。这可能是由于学习者的二语知识表征不平衡而造成的,学习者对不同知识表征的构建因为受到学习方法、学习策略、学习侧重点不同等多因素的影响而产生不平衡。

对于体现边界强度的停顿时长和边界前音节延长量两个指标来说,停顿时长并未显示出受到句法成分长度因素的影响,母语者的停顿时长显著短于学习者,但是在音节时长延长量上,母语者并未显示出和学习者的显著差异,该结果显示学习者较好地掌握了音节延长这一韵律手段。结合边界强度和边界产生位置与频率的这三个结果来看,本实验的结果支持了Ferreira(1993)的结论:句法结构虽然可能影响韵律边界的产生,但是不影响边界的强度。但是学习者和母语在边界强度上的显著差异同时也支持边界强度受到加工因素的影响这一观点（Watson & Gibson, 2004；Wagner, 2005；Ferreir, 2007；Ferreir & Karimi, 2015）。Kormos（2006）提出的第二语言整合生成模型中表明，第二语言言语产出过程中和母语者最大的区别在于：二语产出过程中无论是语言选择、二语词汇的提取、句法编码还是音位编码和监控机制，都比母语产出需要消耗更多的认知资源或需要更多的注意控制，这种对加工资源的需求则会体现在停顿时长的增加上。

五、结论

本研究从韵律表达结构的时间维度出发，运用句子复述任务，以母语者作为参照，考察母语为韩语的学习者的汉语韵律组块能力，得出如下结论：

第一，汉语学习者和汉语母语者虽然在言语生成过程中采用了相同的韵律生成机制，但是，不论是在韵律编码和加工的效率上还是在加工稳定性上，学习者都远远差于母语者。这种差异并没有因为学习者的水平较高而有显著的改善，韵律组块能力的某些方面（韵律组块单元长度、韵律边界的产生率、韵律边界的强度）相较于语法能力、单词量来说更难获得，或需要更长时间的学习才能习得。

第二，在句子的某个长度范围内（本研究为10个音节的长度），汉语学习者的韵律组块表现受到句法结构的影响，表现在停顿频率、延长频率和边界强度等指标上。在简单句法结构下（本研究为简单主谓句），汉语学习者的韵律组块能力的停顿频率、延长频率和边界强度等指标受到句子长度的影响。而当句法结构更复杂、句子更长时，学习者的韵律边界产生频率均很高且体现出无规律性，说明在这两种条件下，加工因素对停顿频率和延长频率的影响权重变大。研究四同时显示学习者在产出主语和宾语成分相对于谓语较长的句子（均为

10个音节的长度）时，停顿频率会更高，修饰语所在的位置不同对停顿频率造成的影响差异显著。研究三的结果显示韵律边界产生的强度受到句子长度的显著影响，而研究二的结果显示韵律边界所产生的位置分布受到学习者语言水平的影响，也就是说，受到学习者语言知识是否更扎实、可自动化提取的知识比例是否较高的影响。侧面说明，句法知识影响韵律边界的位置分布，而加工因素影响韵律边界的产生率、韵律边界强度；研究三也显示句子类型影响韵律切分手段的使用，学习者在复句中使用音节延长作为韵律切分手段的频率更高。

第三，在汉语学习者内部，高水平学习者在韵律边界产生频率、韵律组块单元长度和韵律边界强度上并没有比低水平学习者体现出显著的优势，但是在韵律边界产生的位置上，高水平学习者的表现更加接近母语者的停延模式，韵律边界产生最多的位置在主谓关系之间，其次是动宾关系和偏正关系之间，最后是述补关系之间。这说明，高水平学习者将边界置于合理的语法关系之间的能力更强，更长时间的学习、更扎实的语言知识对韵律组块能力的提高起到积极的作用，这个结果说明，将韵律边界置于更合理的位置的能力是随着水平提高而改善的，韵律组块能力内部的各个指标的发展是不平衡的，各个指标受到不同因素的影响也是有规律的。

第四，汉语母语者的韵律组块模式受到句法结构的间接影响，句法结构影响韵律边界的产生，但是并不影响韵律边界的强度。从学习者和母语者的显著性差异来看，加工因素对韵律边界强度的影响主要体现在停顿时长和音节延长量上，这一因素在学习者身上被放大。句法结构对母语者韵律边界的产生的影响表现出层级效应：当句子长度为10和15—16个音节的区别时，句子长度影响母语者的延长频率，句法结构不产生影响；当句子长度为10个音节时，修饰语所在的位置不同对停顿频率造成的影响差异显著。

附录 6-1　实验材料

1. 研究一、研究二实验材料（一共 50 句）

1）放在书架上的旧汉语书卖掉了五本。	26）他每天都认真地做作业。
2）我那个来自韩国的同学爱上了北京。	27）我每天复习生词写汉字。
3）你昨天修改的那个作文得到了表扬。	28）吃的肉越多还体重越轻。
4）努力认真的他终于学会了汉语。	29）因为今天下雨所以停课。
5）学习特别认真的同学应该得到表扬。	30）如果想学汉语就要努力。
6）妈妈早晨七点打的电话吵醒了我。	31）为了健康她不吃晚饭了。
7）喜欢唱歌跳舞的同学可以写上名字。	32）非常严格的老师批评了他。
8）星期天早晨的北海公园挤满了人。	33）认真努力的小李在上课。
9）我高兴地穿上了新买的衣服。	34）飞回美国的机票买好了。
10）我慢慢地吃完了两大碗米饭。	35）热情友好的司机送我回家。
11）他高兴地买到了他一直想要的书。	36）老师非常生气地批评了他。
12）妹妹高兴地戴上了她最喜欢的帽子。	37）小李认认真真地做作业。
13）小李非常认真地做完了汉语作业。	38）妈妈非常伤心地离开了。
14）小李仔细地看了看考试的报名要求。	39）她高高兴兴地去买衣服。
15）医生认真地治好了他疼了一天的腿。	40）他批评了上课聊天的学生。
16）小李很快看完了你昨天给他买的书。	41）小李在写又难又多的作业。
17）妹妹每天晚上边听音乐边做作业。	42）他学了三个多月的书法。
18）他学汉语越努力汉语水平就越高。	43）这是我在上海拍的照片。
19）因为昨天下雪所以今天学校停课。	44）严格的老师批评了学生。
20）如果想学好汉语就必须努力学习。	45）认真的小李在上汉语课。
21）为了健康他今天开始不吃晚饭了。	46）回去的机票已经买好了。
22）老师批评了聊天的学生。	47）热情的司机送我回学校。
23）他们喜欢学习中国书法。	48）老师生气地批评了学生。
24）我终于收到了生日礼物。	49）小李认真地做汉语作业。
25）老师回答了他提的问题。	50）妈妈很喜欢上海的照片。

2. 研究三实验材料（句子长度 10—15 个音节，一共 20 句）

	长句子（14—15 个音节）	短句子（10 个音节）
单句	1）小李很快看完了你昨天给他买的书。 2）你昨天修改的那个作文得到了表扬。 3）小李仔细地看了看考试的报名要求。 4）喜欢唱歌跳舞的同学可以写上名字。 5）妹妹高兴地戴上了她最喜欢的帽子。	1）老师批评了聊天的学生。 2）他们喜欢学习中国书法。 3）我终于收到了生日礼物。 4）老师回答了他提的问题。 5）他每天都认真地做作业。
复句	1）妹妹每天晚上边听音乐边做作业。 2）他学汉语越努力汉语水平就越高。 3）因为昨天下雪所以今天学校停课。 4）如果想学好汉语就必须努力学习。 5）为了健康他今天开始不吃晚饭了。	1）我每天复习生词写汉字。 2）吃的肉越多还体重越轻。 3）因为今天下雨所以停课。 4）如果想学汉语就要努力。 5）为了健康她不吃晚饭了。

3. 研究四实验材料（句子长度：10—11 个音节，句子平均由 7 个词组成。一共 24 句）

	修饰语较长（5 个音节）	修饰语较短（2—3 个音节）
主语中心词	1）非常严格的老师批评了他。 2）认真努力的小李在上课。 3）飞回美国的机票买好了。 4）热情友好的司机送我回家。	1）严格的老师批评了学生。 2）认真的小李在上汉语课。 3）回去的机票已经买好了。 4）热情的司机送我回学校。
谓语中心词	1）老师非常生气地批评了他。 2）小李认认真真地做作业。 3）妈妈非常伤心地离开了。 4）她高高兴兴地去买衣服。	1）老师生气地批评了学生。 2）小李认真地做汉语作业。 3）他每天都认真地做作业。 4）我终于收到了生日礼物。
宾语中心词	1）他批评了上课聊天的学生。 2）小李在写又难又多的作业。 3）他学了三个多月的书法。 4）这是我在上海拍的照片。	1）老师批评了聊天的学生。 2）老师回答了他提的问题。 3）他喜欢学习中国的书法。 4）妈妈很喜欢上海的照片。

附录6-2　句子难度调查问卷

请对以下句子的难度进行打分。如果你觉得很难，请在"5分 很难"处画"√"；如果你觉得很简单，请在"1分 很简单"处画"√"。

句子	1 很简单	2 简单	3 适中	4 难	5 很难
犯了错误就要勇敢地承认事实					

第七章　汉语学习者多词短语的组块式加工机制研究

本章主要探讨两个问题，一是"组块"的基本概念、加工机制及其理论模型的相关研究；二是通过实验研究探讨汉语学习者多词短语加工的组块机制及其与汉语母语者多词短语加工机制的比较。通过这两个问题的探讨，本研究从认知加工理论的角度，进一步澄清"组块"概念的本质，并通过比较揭示汉语学习者多语组块的加工机制。

一、"组块"加工机制及其理论模型

（一）研究的缘起

成人在第二语言学习的过程中所面临的挑战与儿童轻松掌握第一语言的能力形成了鲜明对比。特别是在口语表达方面，第二语言学习者追求母语表达的流利度和准确度，无疑是一项艰巨的任务。然而，组块（chunk）理论为我们提供了一个关键的视角，以解释第二语言学习者的口语表达能力为何难以实现母语者口语表达的流利性和准确性。

母语者能够轻松地表达出连贯流畅的话语，同时进行其他活动，如开车时与朋友交谈，或是边打电话边做饭。尽管人类即时记忆的容量非常有限，但母语者似乎能够超越这些限制，展现出一种自由连续的口语表达能力（Pawley & Syder，1983）。这一现象成为语言习得领域难以解释的谜题，而组块机制可能是解开这一谜题的关键。

语言学习可以被视为在句法和语义的约束下，通过工作记忆平台将较小的语言成分（如语素、单词等）组合成较大的组块（如短语、从句等），并存储于长期记忆中的心理过程。语言使用者通过提取以往语言经历中形成的这些较大组块，突破信息处理的瓶颈效应（Miller，1956），使得后续形成的大组块包含更多的成分词，从而在即时记忆中表达更丰富的信息。此外，随着语言学习经验的积累，这些组块变得更加牢固和强大（Reder et al., 2016），更深入地嵌入说话人的长期记忆中，使得说话人能够在口语产出中更快地提取。正是这些大而强的组块的广泛使用，使得语言使用者在口语产出过程中能够更高效地表达。

相比之下，第二语言学习者难以达到母语者那样的流利程度。通常情况下，第二语言的口语表达缺乏流畅性，节奏波动，语速缓慢，且频繁停顿。我们之前的研究发现，汉语作为第二语言的低水平学习者倾向于以单个词（word-by-word）为组块进行表达，而高水平学习者则能够以短语（phrase-by-phrase）为组块进行表达，尽管如此，他们仍难以像母语者一样以句子（sentence-by-sentence）为组块单位进行流畅的表达。人类的记忆容量是恒定的，为何第二语言学习者的口语产出与第一语言学习者表现出如此大的差异呢？Reder et al.（2016）从儿童母语学习的角度提出了一种可能的解释：儿童在长期记忆中存储的大组块数量较少，且这些组块较弱，提取时存在困难，这导致在口语表达过程中消耗了更多的注意力资源。第二语言学习者亦是如此，他们的大脑中大多数单词并未通过组块形成较大的语言单位存储于长期记忆中以供提取，学习者始终处于寻找合适词汇、准确发音以及运用句法构造句子的阶段。这种困难在第二语言学习者评论不熟悉的话题、表达未经排练的独白或在正式工作面试中回答意料之外的问题时尤为明显。

只有当这些零散的小单位信息被组合成更高层次的有意义的大加

工单位时，说话人才能摆脱词语组合这一较低层次的语言加工的束缚，不再将注意力消耗在词这一水平上的语音、语义和句法上（Pawley & Syder，1983），而能够以大块话语片段的形式自由表达、更多地关注话语的语调和韵律、有更多时间思考表达的内容及如何更清晰地表达自己、能够在没有排练的情况下自如应对新的不熟悉的话题。更进一步说，这种表达的自动化将不受其他活动的干扰，能够自如进行。

（二）"组块"的概念和相关研究

1. 组块作为心理加工的基本单位。

Langley et al.（2009）曾经指出，"决定知识是陈述性还是程序性的并不是知识的外在形式，而是认知结构的通达机制"。根据这一观点，决定某一语言单位的认知属性，不是语言上的特征（如频次、习语性、句法关系的紧密程度等），而是该语言单位是如何被加工的这一认知过程。Miller（1956）最早提出"组块"这一概念，正是将其视为心理认知加工的基本单位。在语言学和语言学习领域，语块、多词短语、词丛（lexical bundle）等概念与组块这一概念常常不作区分。本研究认为，这些概念更多体现了语言上的特征，并不能充分说明这些单位的整体性加工。然而，这些语言单位往往具有高频性，正是频次效应的结果使得它们倾向于整体加工，但不能以频次和语言上的特征作为界定组块的标准。

2. 组块作为自动化加工机制。

自 Miller（1956）提出"组块"这一概念以来，语言习得、工作记忆模型、认知模拟等各个领域的研究使得这一概念的内涵越来越丰富。这些理论的基本观点是，组合（chunking）指的是将小单位组成大单位以形成更高认知层次表征的过程，这个过程中发生了组合的自动化。

第一，Miller（1956）的研究表明，人类即时记忆是以组块作为测量单位的固定容量。Miller 提出这个容量的取值为神奇的数字 7±2，而 Cowan（2001）认为记忆容量达不到 7±2，一般是 3—5 个组块，神奇的数字记为 4。以此推论，如果我们将人类即时记忆容量看作注意力资源的多少，从即时记忆中提取组块将消耗一部分的注意力资源，那么每提取一个组块，就消耗其中七分之一或四分之一的注意力资源。这样我们就可以得出这样的假设：每一个组块内部成分的连合不消耗注意力资源。如果不是这样，即时记忆广度内组块数量的多少将因每一个组块内部成分的多少和成分之间的联结强度而变化。因而，Miller 和 Cowan "神奇的数字"的发现间接证实：组块作为整体单位的提取是控制性加工，消耗注意力资源；而组块内部成分的连合是自动化加工，不消耗注意力资源。

第二，Baddeley & Hitch（1974）最初提出的工作记忆模型中，并没有涉及组块的概念。这个早期的模型包括了三个组成部分：控制注意力的中央执行器、保持言语信息的语音回路和保持视觉信息的视觉空间模板。Baddeley（2000）继续发展了他早期的模型，他在文中推论，语音回路容量是高度受限的，然而工作记忆却能超越这些限制，那么这正是由于组块发生的结果。Baddeley（2000）由此继续推测，这些形成的组块储存在什么地方？这些组块不可能储存在语音回路和中央执行器中，因而 Baddeley（2000）在其模型中增加了情景缓冲器，作为组块的临时储存器。该缓冲器是情景性的，意思是说其储存的组块来源于多个不同的情景；缓冲的意思是说容量是有限的，大概储存4个组块，与 Cowan（2001）的观点一致。

在 Baddeley 的工作记忆模型中，与本研究认为的组块作为自动化过程最相关的是在信息整合、组块的存储和已存储组块的提取三个方面是否有意识参与。该模型认为，情景缓冲器受控制注意力的中央执行器的监控，因而从情景缓冲器提取组块需要主观意识的参与；信息的组块过程在长时记忆中以自动化的方式发生，不需要意识的参与；组块形成之后进入情景缓冲器也是无意识参与的。为了验证这一工作记忆模型，Baddeley 和他的同事们做了一系列实证研究，这些研究以失忆症患者和记忆正常的人为研究对象，从视觉领域和语言领域试图探讨组块过程和中央执行器负责的注意力资源之间的关系。

Baddeley 的工作记忆模型，支持了组块过程的发生降低了注意力资源的消耗这一基本观点。然而，该模型为了避免长久以来组块界定的公认难题，都没有明确识别复述结果中哪些是组块，而是以句子优势效应间接证明了组块过程的发生。另外，这研究基本证实了组块内部成分连合的自动化，那么这一自动化了的组块的整体提取是否需要消耗注意力资源，没有为其工作记忆模型提供明确的佐证。

第三，MacWhinney（1997）联合竞争模型作为早期经典竞争模型的扩展，提出了一个包含六部分的模型，后来发展成八个部分的联合竞争模型，用来解释儿童第一语言学习和成人第二语言学习的基本问题。在这个后来的模型中，组块的概念作为一个新的部分添加进来，并归为促进因素，用来说明语言学习之所以能够抵抗过度分析这一阻碍因素。从成分组合的角度，联合竞争模型明确区分了程序化和组块截取两个概念。作者认为，程序化是将在陈述性知识中储存的两个或多个成分以程序的方式组合为一个统一的整体的过程，这一组块过程并不需要注意力资源的参与。一旦这个程序形成，成分词之间的分析性组合将被组合的整体所抑制。相反，组块截取并不经历一个组合过程，而是直接从语流中作为一个不加分析的单一词汇成分截取，这个组块内部的成分在感知上是同时发生的。

第四，思维适应性控制模型（adaptive control of thought-rational, ACT-R），作为一种认知结构，主要用于模拟和理解人类认知。知识的表征是 ACT-R 的核心结构属性，分为陈述性知识和程序性知识。陈述性知识是关于"是什么"的知识，可以向他人描述该知识，需要有意识的参与，Anderson 在其模型中称为组块，例如 "George Washington was the first president of the United States"。程序性知识是关于"为什么"的知识，不需要意识的参与，以产出规则的形式存在，比如 "IF the goal is to classify a person and he is unmarried, THEN classify him as a bachelor"。换句话说，陈述性和程序性的区分也在于对现实情景的反应是意识的还是自发的差异。

ACT-R 7 是这一模型的最新版本，其中包括了执行不同认知功能的八个模块，以及模块之间彼此交流的平台"缓冲器"。陈述性模块和程序性模块是其中两个最主要的模块，前者储存的是以组块为单位的陈述性知识，其缓冲器的功能为提取；后者自身没有缓冲器，主要作用是储存并监控各模块激活的产出，并寻找相应的产出规则。当某一产出的条件得到满足时，程序性模块就将执行该产出的结果。

（三）研究的问题

综上所述，Baddeley 的工作记忆模型、MacWhinney 的联合竞争模型以及 Anderson 的思维适应性控制模型，都对组块加工有了更进一步的认识和揭示。本研究继承 Baddeley 的基本观点，认为组块内部的连合是不消耗注意力资源的自动化过程。除此之外，本研究在其基础上增加了三个基本观点，试图回答其模型和实证研究未能阐释清楚的三个问题。

Baddeley 的工作记忆模型没有回答的第一个问题是，组块的加工存在两种可能：一种是 Baddeley 所提出的不消耗注意力资源的自动化成分词的组合，另一种是组块整体提取时，内部成分词是同时感知和加工的，不发生组块过程，当然也不消耗注意力资源。这一观点跟 MacWhinney 儿童语言学习过程中组块截取的概念是一致的，不同在于：（1）组块获得的途径除了从语流中自然截取之外，组块也可以通过成分词的组合首先实现程序化，进而发展为非分析性的组块（unanalyzed chunk）；（2）对于成人第二语言教学来说，这些非分析性的组块不是通过语流自然截取，而更多是教师教学处理的结果；（3）本研究未对程序化的组块和语流截取而来的组块加以区分，而使用组块这一个概念，作为人类记忆容量的心理加工单位，其中内部成分词的组块过程是不消耗注意力资源的。

Baddeley 的实证研究没有回答的第二个问题是，组块的提取是否消耗注意力资源。Baddeley 的工作记忆模型认为，组块一旦形成，作为一个整体单位从情景缓冲器中的提取受到中央执行器的控制，消耗注意力资源。然而，Baddeley在其实证研究中没有给出直接的证据。Baddeley这一观点与Anderson的思维适应性控制模型是一致的，尽管Anderson组块的含义跟Baddeley不太相同，但明确提出了组块储存在陈述性知识之中，组块的提取是消耗注意力资源的，而且在其模拟软件中设计了50毫秒的提取时间。

Baddeley的实证研究没有回答的第三个问题是，句子优势效应作为组块能力的间接指标，促进了句子复述的总量，但是因为没有界定组块，没有明确说明这个总量是源自于组块大小的增大，还是即时记忆广度内组块数量的增多。根据Miller（1956）和Cowan（2001）的观点，人类即时记忆容量是固定的，那么我们可以推测这种句子优势效应是来自于组块大小的增大，而非即时记忆广度内组块数量的增多。

在研究设计上，Baddeley的实证研究的对象是母语者，如果能够加入不同语言学习经历，比如儿童不同年龄的母语学习、成人第二语言学习者不同水平以及第一语言学习者和第二语言学习者之间的比较，则更能够反映不同的语言经历对组块的认知加工的影响。另外，Baddeley的实验材料为完整的句子，这些句子在语料库中的频次很低，基本为零，如果可以考察不同频次的多词短语，则能够更好地证明成分词的共现带来的长时记忆效应。

二、汉语学习者与母语者多词短语加工机制研究

本研究主要从认知加工的角度考察多词短语的加工方式，即汉语学习者和汉语母语者分别能否将多词短语作为单一组块进行加工，以及组块形成和组块提取的认知意义。本部分研究具体包括以下两个研究问题：一是从认知加工的角度来看，汉语学习者和汉语母语者分别是否能够将多词短语作为单一组块进行加工；二是若"汉语学习者将多词短语作为多个组块进行加工"这一结论得到证实，那么各个组块

内部成分词之间的连合以及这些组块之间的连合是否需要注意力资源的参与；若"汉语母语者将多词短语作为单一组块进行加工"这一结论也得到证实，那么这个单一组块内部成分词之间的连合以及这个单一组块的提取是否需要注意力资源的参与。

（一）研究目的

根据上述研究的问题，本研究的目的包括：（1）确定汉语学习者和汉语母语者是否能够将多词短语作为单一组块进行加工，从而揭示两者在处理多词短语时的认知机制是否存在本质区别。（2）评估在加工多词短语时，组块内部成分词之间的连合以及组块之间的连合是否需要注意力资源的参与，以及汉语母语者在将多词短语作为单一组块进行加工时，这一组块的提取是否涉及注意力资源的消耗。

（二）研究方法

1. 实验设计。

本实验采用 $2\times2\times2$ 三因素混合设计。因素一为被试背景，被试间变量，分为两种类型：汉语学习者和汉语母语者；因素二为测试任务，被试内变量，分为两个水平：单任务和双任务；因素三为测试内容，被试内变量，分为两个水平：多词短语序列和随机词序列。

本实验的因变量为词语复述量的三个测量指标：总复述率、复述的完成率和复述的通达率。总复述率反映的是语言使用者整体的语言能力，复述的完成率是语言使用者所存储的组块大小的间接测量指标，完成率越高，组块越大；复述的通达率反映的是工作记忆容量之内组块数量的多少，通达率越高，组块越多。这些指标具体的测量方法见"数据分析"部分。

2. 被试。

本实验被试由 20 名汉语学习者（男 9 人，女 11 人）和 20 名汉语母语者（男 9 人，女 11 人）组成，年龄在 18—33 岁之间（汉语学习者平均年龄为 22 岁，汉语母语者平均年龄为 24 岁），所有被试均无听觉和视觉障碍。汉语母语者均来自北京语言大学，为在读本科生和研究生。汉语学习者在其母语国也为在读本科生和研究生，参加实验时在北京语言大学和北京大学接受语言培训，其第一语言均为英语（美国 11 人，澳大利亚 4 人，英国 3 人，新加坡 1 人，新西兰 1 人），16 岁后开始学习汉语（开始学习汉语的年龄在 16—26 岁之间，平均年龄为 19 岁），其中有 5 人具有华人血统。汉语学习总时间（包括在其母语国和目的语国）在 1 年以上 3 年以下，平均时间为 2 年，在北京学习汉语的时间从 2 个月到 6 个月不等。实验完成后被试获得一定报酬。

3. 实验材料。

本实验包括多词短语序列和随机词序列两种实验材料，每种序列内部多词短语或词的数量设置均以避免天花板效应（ceiling effect）为原则。根据 Miller（1956）的研究，人类的即时记忆广度为 7±2 个组块。Simon（1974）的实证研究也发现，在单个词这个层面上，词的即时复述广度（the span of immediate recall）平均为 7 个词。本实验随机词序列使用的是双音节词，我们假定每个词均为单独的一个组块，因而随机词序列的词数按照最大量设置，由 9 个词组成。根据 Cowan（2001）的研究，人类储存的组块容量（chunk capacity）要比单个词大得多，在这种情况下即时记忆广度一般只能容纳 3—5 个组块。本实验多词短语序列使用的多词短语由 3 个词组成，我们假定每个多词短语为一个组块，因而多词短语序列的短语数量按照最大量设置，由 5 个多词短语组成。

本实验多词短语的选取分为文献搜集、标准筛选和随机取样三个步骤，最终获得了 80 个多词短语供本研究实验使用。文献搜集是从学术著作和教材大纲等以往的研究中搜集可供本研究使用的多词单位。标准筛选满足以下条件：（1）三词单位由 4 个音节组成；（2）三词单位是结构上和语义上完整的短语；（3）三词短语在语料库中的频次（frequency）标准为每百万词出现至少 3 次，新互信息值（new MI）大于等于 3；（4）短语的整体含义可以直接从成分词的意义组合出来；（5）三词短语的成分词均来自于《新汉语水平考试大纲》（四级、五级），其中 153 个成分词中四级词占 88.2%。最后一步是随机取样，从满足上述标准的 144 个多词短语中随机抽取 80 个作为实验材料。

本实验使用的多词短语序列由最终选定的 80 个多词短语所生成。首先，将这 80 个多词短语随机分为两组，每组 40 个短语，组与组之间部分短语进行了些许的调换（比如，"世界第一"和"世界各地"随机分到了同一组，"世界各地"将调换到另一组），以保证同一组内部不出现过多类似的短语。其次，将每组的 40 个短语分配到 8 个序列中，每个序列 5 个短语（比如"最重要的、这个问题、还不知道、马上就要、最后一天"），一方面保证同一多词短语序列内部连续的任意两个多词短语之间不存在语义关系，也不能进行句法计算，以此消除语义和句法关系（semantic and syntactic associations）的干扰，另一方面尽量保证同一序列内部不出现同一成分词。最后，以上两组，一组用于单任务条件，一组用于双任务条件。

本实验的随机分组排除了不同条件下多词短语的频次和新互信息值对实验结果带来的干扰。One-way ANOVA 统计结果显示，以上两组多词短语在北京大学 CCL 语料库和北京语言大学 BCC 语料库中的频次之间的差异均不显著，两者分别为 $p=0.908$ 和 $p=0.974$。用于单任务条件和双任务条件的两组多词短语在 CCL 中的平均频次依次为 8.3 和 8.4；在 BCC 中的平均频次依次为 20.9 和 21.2。One-way ANOVA 统计结果显示，以上两组多词短语在 CCL 和 BCC 中的新互信息值之间的差异也均不显著，两者分别为 $p=0.437$ 和 $p=0.724$。用于单任务条件和双任务条件的两组多词短语在 CCL 中的平均新互信息值依次为 6.1 和 6.1；在 BCC 中的平均频次依次为 4.1 和 4.0。

与多词短语序列对应的是，本实验使用了 8 个随机词序列，由 72 个词所生成。这些词均来自《新汉语水平考试大纲》（四级），以保证学习者已经基本掌握了这些词语，同时这些词语不与多词短语的成分词有重合。随机词序列的生成同多词短语序列一致，首先将 72 个词随机分为 2 组，每组 36 个词；其次，将每组的 36 个词语分配到 4 个序列中，每个序列9个词语（比如"辛苦、爱好、请客、工作、笑话、语言、迟到、水平、许多"），并保证同一随机词序列内部连续的任意两个词之间不存在语义关系，也不能进行句法计算，以此消除语义和句法关系的干扰，从而可以用作与多词短语序列进行对照（control）；最后，以上两组，一组用于单任务条件，一组用于双任务条件。同样，One-way ANOVA 统计结果显示，以上两组词语在 BCC 中的频次之间的差异不显著，p=0.801，用于单任务条件和双任务条件的两组词语在 BCC 中的平均频次依次为 316.5 和 260.5。

实验材料的听觉刺激通过以下步骤生成：首先，实验材料中所有多词短语的3个成分词以及随机词的2个音节以汉字形式通过 PowerPoint 2016 在幻灯片中央随机呈现，一张幻灯片一个词语，宋体，96号；其次，一名普通话水平为一级乙等的男性汉语母语者朗读这些汉字，保证发音清楚，每个有2秒的时间，屏幕自动切换到下一张幻灯片由发音人进行朗读，整个发音过程通过外接麦克风使用 Praat 6.0.17 录音（声道为16位单声道，采样率为44100Hz）并保存至电脑中；最后，将录好的单个词语或单音节通过 Praat 6.0.17 以实验材料的顺序排列组成多词短语序列或随机词序列，多词短语序列的平均呈现速度为每秒一个词，共15秒，随机词序列的平均呈现速度为每0.75秒呈现一个音节，共13.5秒。听觉刺激的这种生成方式避免了多词短语或词语听觉呈现时，语调的掺入以及连续语流中多词短语内部词语之间的协同发音（co-articulation），同时也保证多词短语序列和随机词序列的韵律特征基本一致。

4. 实验程序。

被试在安静的实验室坐在电脑前完成实验，刺激以听觉形式通过 E-Prime 2.0 呈现。本实验采用单—双任务范式，该范式为考察注意力资源消耗的经典范式（比如 Jefferies et al., 2004；Naveh-Benjamin et al., 2007；Baddeley et al., 2009）。单任务条件下，被试只完成序列复述任务（serial recall task）。该任务能够很好地预测语言使用者和学习者口语产出中的语言技能发展程度（Ellis & Sinclair, 1996；Ellis, 2001）。双任务条件下，被试除了完成序列复述任务外，在听觉刺激呈现阶段的同时完成倒数数任务（back-counting task）。实验过程中，被试佩戴耳机，同时外置麦克风将整个实验过程使用 Praat 6.0.17 进行录音（声道为 16 位单声道，采样率为 44100Hz）。整个实验分为两节，多词短语序列一节用时 8 分钟，随机词序列一节用时 4 分钟，两节之间有 2 分钟休息，实验总共 15 分钟之内完成。实验过程不提供反馈。

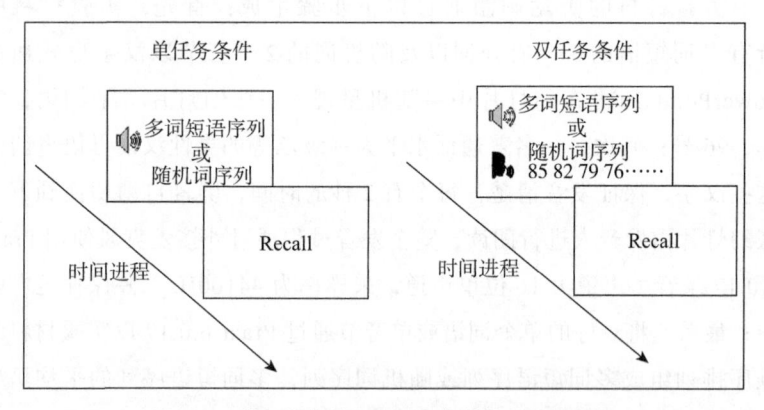

图 7-1 单任务条件和双任务条件的实验流程图

（1）序列复述任务。序列复述任务要求被试首先安静地听一个序列的录音，然后以与实验刺激相同的顺序尽可能多地复述听到的内容，复述时要求尽量与所听到的保持一致。此外，本实验告知被试依次听到的每连续的 3 个词语会形成 1 个短语或每连续的 2 个音节会形成 1 个双音节词。每个序列以"滴"声开始，然后有 1 秒的延迟时间供被试做好准备，多词短语序列的呈现时间为 15 秒，随机词序列的呈现时间为 13.5 秒。序列以听觉形式呈现完毕后，立即切换到新的屏幕，屏幕中间显示"Recall"，并同时呈现一个"滴"声，提示被试立即开始复述。实验提供给被试与多词短语序列或随机词序列呈现时间等量的复述时间，被试若在规定时间内复述完成，可自行按空格键进入下一个序列；若规定时间内被试没有按键反应，实验自动进入下一个序列。

多词短语序列和随机词序列所使用的词语无重合，因而所有被试先参与多词短语序列的实验部分再完成随机词序列部分。如实验材料部分所述，所有的多词短语序列和随机词序列分三组，作为3个区组（block）在E-prime 2.0中呈现，每个区组8个多词短语序列或4个随机词序列，区组内部各个序列在被试之间随机呈现，整个区组在被试之间以拉丁方（Latin Square）的方式呈现。

（2）倒数数任务。在双任务条件下，被试在序列复述任务刺激呈现阶段需要同时完成倒数数任务。听觉刺激呈现的同时，屏幕中央随机呈现一个30以上的两位数（比如，85），宋体，96号。该两位数的呈现开始于听觉刺激呈现前1秒，被试看到该数字后，立即从该数字开始每三个数倒数（比如，85、82、79、76……），以每2秒一次的速度一直数到"滴"声响起，被试停止数数而开始进行序列复述。当被试停止数数时，主试在旁提醒被试继续数数任务。汉语母语者使用汉语，汉语学习者使用其母语进行数数，以保证两组被试在进行数数任务时消耗的注意力资源基本相同。实施此任务的目的，一是在于打断语音回路对复述的影响，二是分散被试的注意力（divide attention），消耗其工作记忆中的注意力资源。（见图7-1）

5. 数据分析。

本实验的测量指标借鉴并改编了Gilchrist *et al.*（2008）以及Gilchrist *et al.*（2009）的研究，选取词语复述任务的三个测量指标，分别为总复述率、复述的完成率和复述的通达率，以此来考察汉语学习者和汉语母语者在即时记忆任务条件下多词短语的组块式加工。

（1）总复述率（total words recalled）。多词短语序列的总复述率，指的是在每个多词短语序列中，被试以正确顺序复述出来的词数占原有多词短语序列总词数（n=15）的比率（比如"不 太 可能 同一 时间 意思 是 说 表面 上 看 从来 都 不"这一包含15个词的序列，若被试复述出了其中的 10 个词，则总复述率为 10/15=0.667）；对于双音节词，若被试只复述了其中的 1 个音节（比如"时间"只复述出了"时"），则复述的词数记为 0.5。随机词序列的总复述率，指的是在每个随机词序列中，被试以正确顺序复述出来的音节数占原有随机词序列总音节数（n=18）的比率（比如"辛苦爱好请客工作笑话语言迟到水平许多"这一包含 18 个音节的序列，被试复述出了其中的 12 个音节，则总复述率为 12/18=0.667）。判定多词短语序列的正确复述顺序时，不考虑多词短语之间的相互顺序，只考虑每个多词短语内部词语的先后相对顺序（比如某一多词短语 ABC，若被试的复述结果为 ABC，则复述的词数记为 3；若被试复述的结果为 AB、BC、AC，这三种情况均判定为正确顺序，复述的词数均记为 2；若被试复述为 CB、BA、CA 或是中间有其他词语插入，如 ADB，这两种情况均为错误顺序，复述的词数记为 1）。同样，判定随机词序列的正确复述顺序时，不考虑词语之间的相互顺序，只考虑每个词语内部音节的先后相对顺序（比如某一词语 AB，若被试的复述结果为 AB，则复述的音节数记为 2；若复述的结果为 A、B 或 BA，则复述的音节数均记为 1）。

（2）复述的完成率。多词短语复述的完成率（multi-word completion）是针对每一个多词短语而言的，指的是在至少复述出一个音节的多词短语中，其内部以正确顺序复述出来的词数占该多词短语总词数（n=3）的比率（比如"绝大多数"，若被试复述出了"大多数"，则完成率为 2/3=0.667）。随机词复述的完成率（random word completion）是针对每一个词语而言的，指的是在至少复述出一个音节的词语中，其内部以正确顺序复述出来的音节数占该词语总音节数（n=2）的比率（比如"小心"，若被试复述出了"小"，则完成率为 1/2=0.500）。多词短语和随机词复述的完成率正确顺序的判定标准只考虑内部成分的先后相对顺序。另外，完成率使用词作为计量单位，主要是依据 Simon（1974）的研究发现：词是考察组块容量的基本单位。

（3）复述的通达率。多词短语序列复述的通达率（multi-word

access），指的是在每个多词短语序列中，多词短语通达的个数占原有序列多词短语总数（n=5）的比率，其中被试复述出多词短语内部的任意一个实词即认为该多词短语通达（比如"不 太 可能 同 一 时间 意思 是 说 表面 上 看 从来 都 不"这一 15 个词的序列，若被试复述出了"同一时间、表面上看、从来都不"这三个多词短语的完整形式，或者至少复述出了其中的一个实词，如"同、表面、从来"，则这两种情况下通达率都为 3/5=0.600）。随机词序列复述的通达率（random word access），指的是在每个随机词序列中，词语通达的个数占原有序列词数（n=9）的比率，其中被试复述出随机词的完整形式即认为该词通达。本研究所有的多词短语序列均由 5 个多词短语组成，随机词序列均由 9 个词组成。多词短语和随机词复述的通达率正确顺序的判定标准不考虑多词短语或随机词之间的相互顺序。

（三）实验结果

本实验是重复测量两个因素的 2×2×2 三因素混合设计，其中被试背景（汉语母语者和汉语学习者）是被试间变量，测试任务（单任务和双任务）和测试内容（多词短语序列和随机词序列）是被试内变量，因变量是词语复述量的三个测量指标：总复述率、复述的完成率和复述的通达率。以下部分将依次报告以上述三个测量指标为因变量的方差分析结果，最后综合分析本实验的主要研究发现。

1. 以总复述率为因变量的方差分析结果。

以总复述率为因变量，多元方差齐性检验（Box's Test of Equality of Covariance Matrices）没有达到显著水平，$p=0.146$，因而因变量在自变量的不同水平上方差齐性的假设成立，可以接受方差分析的结果。

（1）被试背景的主效应显著，$F_{(1, 38)}=109.413$，$p<0.0005$，$\eta_p^2=0.742$；测试任务的主效应显著，$F_{(1, 38)}=307.899$，$p<0.0005$，$\eta_p^2=0.890$；测试内容的主效应显著，$F_{(1, 38)}=51.336$，$p<0.0005$，$\eta_p^2=0.575$。被试背景与测试任务的交互作用显著，$F_{(1, 38)}=10.487$，$p=0.002$，$\eta_p^2=0.216$；被试背景与测试内容的交互作用显著，$F_{(1, 38)}=21.899$，$p<0.0005$，$\eta_p^2=0.366$；测试任

务与测试内容的交互作用显著，$F_{(1, 38)}$=9.783，p=0.003，η_p^2=0.205。

（2）更重要的是，被试背景、测试任务与测试内容三个因素之间的交互作用也显著，$F_{(1, 38)}$=10.600，p=0.002，η_p^2=0.218。

表 7-1　总复述率在被试背景和测试内容各个水平上单任务与双任务的差异

测试内容	单任务 $M1(SD1)$	双任务 $M2(SD2)$	差值 $M1-M2$	$F_{(1, 38)}$	p	η_p^2
汉语学习者							
多词短语	0.393（0.115）	0.232（0.079）	0.161	63.698	<0.0005	0.626
随机词	0.368（0.079）	0.204（0.068）	0.164	66.612	<0.0005	0.637
汉语母语者							
多词短语	0.766（0.101）	0.475（0.121）	0.291	206.864	<0.0005	0.845
随机词	0.584（0.100）	0.403（0.094）	0.181	81.755	<0.0005	0.683

对测试任务在被试背景和测试内容两个因素的各个水平上的简单简单效应检验，结果显示（见表 7-1）：对于汉语学习者来说，多词短语序列的测试任务效应显著，$F_{(1, 38)}$=63.698，p<0.0005，η_p^2=0.626，单任务条件（M=0.393，SD=0.115）好于双任务条件（M=0.232，SD=0.079），差值为 0.161，随机词序列的测试任务效应也显著，$F_{(1, 38)}$=66.612，p<0.0005，η_p^2=0.637，单任务条件（M=0.368，SD=0.079）好于双任务条件（M=0.204，SD=0.068），差值为 0.164；对于汉语母语者来说，多词短语序列的测试任务效应显著，$F_{(1, 38)}$=206.864，p<0.0005，η_p^2=0.845，单任务条件（M=0.766，SD=0.101）好于双任务条件（M=0.475，SD=0.121），差值为 0.291，随机词序列的测试任务效应也显著，$F_{(1, 38)}$=81.755，p<0.0005，η_p^2=0.683，单任务条件（M=0.584，SD=0.100）好于双任务条件（M=0.403，SD=0.094），差值为 0.181。

2. 以复述的完成率为因变量的方差分析结果。

以复述的完成率为因变量，多元方差齐性检验达到了显著水平，p<0.0005，因而因变量在自变量的不同水平上方差齐性的假设不成立，

但因为这三个因素各水平的样本量最小为 20，属于较大样本，所以可以接受方差分析的结果。

（1）被试背景的主效应显著，$F_{(1, 38)}$=158.880，p<0.0005，η_p^2=0.807；测试任务的主效应显著，$F_{(1, 38)}$=149.918，p<0.0005，η_p^2=0.798；测试内容的主效应显著，$F_{(1, 38)}$=366.640，p<0.0005，η_p^2=0.906。被试背景与测试任务的交互作用显著，$F_{(1, 38)}$=119.595，p<0.0005，η_p^2=0.759；被试背景与测试内容的交互作用显著，$F_{(1, 38)}$=165.963，p<0.0005，η_p^2=0.814；测试任务与测试内容的交互作用显著，$F_{(1, 38)}$=142.874，p<0.0005，η_p^2=0.790。

（2）更重要的是，被试背景、测试任务与测试内容三个因素之间的交互作用也显著，$F_{(1, 38)}$=115.023，p<0.0005，η_p^2=0.752。

表 7-2　复述的完成率在被试背景和测试内容各个水平上单任务与双任务的差异

测试内容	单任务 M1（SD1）	双任务 M2（SD2）	差值 M1-M2	$F_{(1, 38)}$	p	η_p^2
汉语学习者							
多词短语	0.724（0.107）	0.536（0.100）	0.188	285.185	<0.0005	0.882
随机词	0.993（0.017）	0.991（0.026）	0.002	0.228	0.636	0.006
汉语母语者							
多词短语	0.933（0.034）	0.923（0.031）	0.010	0.872	0.356	0.022
随机词	0.999（0.004）	0.999（0.005）	0.000	0.009	0.927	<0.0005

对测试任务在被试背景和测试内容两个因素的各个水平上的简单简单效应检验，结果显示（见表 7-2）：对于汉语学习者来说，多词短语序列的测试任务效应显著，$F_{(1, 38)}$=285.185，p<0.0005，η_p^2=0.882，单任务条件（M=0.724，SD=0.107）好于双任务条件（M=0.536，SD=0.100），差值为 0.188，而随机词序列的测试任务效应不显著，$F_{(1, 38)}$=0.228，p=0.636，η_p^2=0.006；对于汉语母语者来说，无论是多词短语序列还是随机词序列，测试任务效应都不显著，两者分别为 $F_{(1, 38)}$=0.872，

$p=0.356$，$\eta_p^2=0.022$ 和 $F_{(1, 38)}=0.009$，$p=0.927$，$\eta_p^2<0.0005$。

3.以复述的通达率为因变量的方差分析结果。

以复述的通达率为因变量，多元方差齐性检验没有达到显著水平，$p=0.073$，因而因变量在自变量的不同水平上方差齐性的假设成立，可以接受方差分析的结果。

（1）被试背景的主效应显著，$F_{(1, 38)}=72.069$，$p<0.0005$，$\eta_p^2=0.655$；测试任务的主效应显著，$F_{(1, 38)}=281.558$，$p<0.0005$，$\eta_p^2=0.881$；测试内容的主效应显著，$F_{(1, 38)}=235.395$，$p<0.0005$，$\eta_p^2=0.861$。被试背景与测试任务的交互作用显著，$F_{(1, 38)}=11.292$，$p=0.002$，$\eta_p^2=0.229$；被试背景与测试内容的交互作用不显著，$F_{(1, 38)}=0.590$，$p=0.447$，$\eta_p^2=0.015$；测试任务与测试内容的交互作用不显著，$F_{(1, 38)}=1.759$，$p=0.193$，$\eta_p^2=0.044$。

（2）更重要的是，被试背景、测试任务与测试内容三个因素之间的交互作用也显著，$F_{(1, 38)}=6.853$，$p=0.013$，$\eta_p^2=0.153$。

表7-3 复述的通达率在被试背景和测试内容各个水平上单任务与双任务的差异

测试内容	单任务 $M1$（$SD1$）	双任务 $M2$（$SD2$）	差值 $M1-M2$	$F_{(1, 38)}$	p	η_p^2
汉语学习者							
多词短语	0.558（0.137）	0.420（0.089）	0.138	29.910	<0.0005	0.440
随机词	0.363（0.080）	0.197（0.068）	0.166	74.488	<0.0005	0.662
汉语母语者							
多词短语	0.816（0.095）	0.543（0.114）	0.273	116.626	<0.0005	0.754
随机词	0.583（0.099）	0.399（0.093）	0.184	91.548	<0.0005	0.707

对测试任务在被试背景和测试内容两个因素的各个水平上的简单简单效应检验，结果显示（见表7-3）：对于汉语学习者来说，多词短语序列的测试任务效应显著，$F_{(1, 38)}=29.910$，$p<0.0005$，$\eta_p^2=0.440$，单任务条件（$M=0.558$，$SD=0.137$）好于双任务条件（$M=0.420$，$SD=0.089$），

差值为 0.138，随机词序列的测试任务效应也显著，$F_{(1, 38)}$=74.488，p<0.0005，η_p^2=0.662，单任务条件（M=0.363，SD=0.080）好于双任务条件（M=0.197，SD=0.068），差值为 0.166；对于汉语母语者来说，多词短语序列测试任务效应显著，$F_{(1, 38)}$=116.626，p<0.0005，η_p^2=0.754，单任务条件（M=0.816，SD=0.095）好于双任务条件（M=0.543，SD=0.114），差值为 0.273，随机词序列的测试任务效应也显著，$F_{(1, 38)}$=91.548，p<0.0005，η_p^2=0.707，单任务条件（M=0.583，SD=0.099）好于双任务条件（M=0.399，SD=0.093），差值为 0.184。

4. 综合分析。

以总复述率、复述的完成率和复述的通达率为因变量，方差分析均显示了被试背景、测试任务和测试内容三者之间的交互作用。本实验也发现以复述的完成率为因变量时该三重交互作用的效应量（η_p^2=0.752）在一定程度上高于以总复述率（η_p^2=0.218）和复述的通达率（η_p^2=0.153）为因变量时的效应量。效应量 η_p^2 的取值范围为 0—1，该值越接近于 1，效应量越大，自变量对因变量的解释力越强。从上述结果可以看出在复述的完成率这一测量指标上三个因素之间的相互制约作用最大。

总复述率等于复述的完成率和复述的通达率的乘积，那么若是汉语学习者和汉语母语者在不同测试内容（多词短语序列和随机词序列）和不同测试任务（单任务和双任务）条件下的总复述率表现出差异，随之而来的问题是这一差异究竟是由复述的完成率还是通达率所带来的，本研究对这一差异的来源进行了进一步的解析。下文比较分析总复述率、复述的完成率和复述的通达率在平均值和效应量上的相互关系。

本实验采用的是单—双任务范式，从注意力资源消耗的角度来看多词短语的认知加工方式。在单任务条件下，被试只需完成序列复述任务；在双任务条件下，被试需要同时完成倒数数任务，使得被试不得不将一部分注意力资源分配到该任务中。由此可见，单—双测试任务效应的本质在于考察语言加工过程中的注意力资源消耗的有无：单任务和双任务条件下表现一致的部分，其加工过程并不需要注意力资源的参与，而两者不一致的部分正是倒数数任务注意力资源消耗的最终所在。

表7-4 不同被试背景和测试内容在总复述率、复述的完成率和通达率上单—双任务的差值和效应量

测试内容	总复述率 $M1-M2(\eta_p^2)$	复述的完成率 $M1-M2(\eta_p^2)$	复述的通达率 $M1-M2(\eta_p^2)$
汉语学习者			
多词短语序列	0.161（0.626）	0.188（0.882）	0.138（0.440）
随机词序列	0.164（0.637）	0.002（0.006）	0.166（0.662）
汉语母语者			
多词短语序列	0.291（0.845）	0.010（0.006）	0.273（0.754）
随机词序列	0.181（0.683）	0.000（<0.0005）	0.184（0.707）

对于汉语母语者来说，多词短语序列在总复述率、复述的完成率和通达率这三个指标上测试任务的效应量跟随机词序列表现出了一致的规律。如表7-4所示，无论是多词短语序列还是随机词序列，总复述率的测试任务效应基本上是由复述的通达率带来的，而复述的完成率基本不起作用（多词短语序列 $\eta_p^2=0.006$，随机词序列 $\eta_p^2<0.0005$）。

双任务产生的总复述率的减少并不是来自于多词短语复述的完成率或随机词复述的完成率的减少，而是来自于多词短语复述的通达率或随机词复述的通达率的减少。这说明对于汉语母语者而言，多词短语跟词的加工方式一致。以往研究已充分证实词作为组块而存在（Simon，1974），因此本研究认为多词短语作为单一组块这一表征也建立起来。另一方面，在单—双任务条件下复述的完成率的差值基本为0，双任务带来的注意力的分散没有影响汉语母语者将多词短语的内部成分词组合成一个完整的短语，这说明多词短语作为单一组块这

一表征建立之后，内部成分词的连合基本上不再消耗注意力资源，而通达率的差值说明这一组块的提取需要注意力资源的参与。由此可见，某个语言单位一旦形成组块，其内部成分词之间的连合不再需要注意力资源的参与，而组块作为一个整体单位的提取则消耗注意力资源。

对于随机词序列来说，汉语母语者和汉语学习者在总复述率、复述的完成率和通达率这三个指标上测试任务的效应量表现出了一致的规律。无论是汉语母语者还是汉语学习者，随机词序列总复述率的测试任务效应基本上是由复述的通达率带来的，而复述的完成率基本不起作用（汉语学习者 $\eta_p^2=0.006$，汉语母语者 $\eta_p^2<0.0005$）。这说明汉语学习者和汉语母语者在随机词序列复述过程中均以单个词为组块进行加工。

对于多词短语序列来说，汉语母语者和汉语学习者在总复述率、复述的完成率和通达率这三个指标上的表现趋势并不一致，这说明两者在多词短语的加工方式上存在差异。汉语学习者总复述率的测试任务效应既来自于复述的完成率，也来自于复述的通达率，而汉语母语者的这一效应仅仅是由复述的通达率带来的。换句话说，汉语学习者复述的完成率和通达率均受单—双任务干扰，而汉语母语者只有复述的通达率受此干扰，完成率并不受干扰。这说明汉语母语者倾向于将多词短语作为一个组块进行加工，消耗掉的注意力资源仅仅用在了多词短语作为单一组块的提取上，而多词短语作为单一组块内部成分词的连合并不消耗注意力资源；而汉语学习者倾向于将多词短语作为两个或多个组块进行加工，那么消耗掉的注意力资源既用在了多词短语的提取上，也用在了多词短语内部两个或多个组块的提取上，也就是说，这些组块连合为多词短语的过程消耗了注意力资源。

值得一提的是，对于汉语母语者来说，多词短语序列（$\eta_p^2=0.845$）总复述率这一指标上测试任务效应略高于随机词序列（$\eta_p^2=0.683$），这主要是由于复述时的组块大小引起的，前者是以3个词为组块单位，后者是以1个词为组块单位，双任务的干扰是以整个组块为计数而消耗注意力的，组块越大，双任务对总复述率的干扰越大，因而多词短语序列的测试任务效应更大。另一方面，对于汉语学习者来说，多词短语序列（η_p^2=0.440）在复述的通达率这一指标上测试任务效应略低于随机词序列（η_p^2=0.662），这主要是由于在总复述率大致相当的前提下，多词短语复述的完成率分掉了一部分解释力，而使得通达率解释力有所降低。

综上所述，从注意力资源消耗的有无这一维度，汉语学习者和汉语母语者多词短语的加工方式并不相同。对于汉语学习者来说，多词短语不是以单一组块，而是以多个组块的方式进行加工，各个组块内部成分词之间的连合虽然不需要注意力资源的参与，但这些组块连合为多词短语的过程则消耗注意力资源；对于汉语母语者来说，多词短语作为单一组块进行加工，这个单一组块内部成分词之间的连合不再需要注意力资源的参与，仅仅是单一组块的提取消耗注意力资源。

（四）讨论

在自然的口语表达过程中，第二语言学习者往往难以实现母语者式的流利，第二语言话语通常表现为语速慢，停顿多，而且韵律单位比较小，相比之下母语者却可以自如地表达连续流利的话语。人类的工作记忆容量是有限的，为什么母语者能够跨越这些限制而实现流利表达，第二语言学习者要想实现同等程度却是难上加难？本研究从认知加工的角度阐释组块机制以及汉语学习者和汉语母语者在组块运作机制上的差异，从而揭示汉语学习者在口语能力上逊于母语者的关键原因。

1.汉语学习者和汉语母语者的组块式加工。

从认知加工的角度来看，汉语学习者和汉语母语者多词短语的加工方式并不相同。对于汉语学习者来说，多词短语不是以单一组块，而是以多个组块的方式进行加工；对于汉语母语者来说，多词短语以单一组块的方式进行加工。简单来说，汉语母语者获得了多词短语的组块式加工，而汉语学习者尚未形成多词短语作为单一组块这一加工方式。

　　组块加工研究为以往语块的研究提供了一个新的视角。语块的整体性加工与分析性加工之争，一直是语块研究的基本问题。以往研究都充分证实了汉语母语者语块的整体存储和加工属性（Jiang & Nekrasova，2007；Siyanova，2010；Siyanova-Chanturia, Conklin & Schmitt，2011；Tremblay et al.，2011；Underwood et al.，2004）。该类研究多使用的是"语块"一词，通过匹配相对低频的非语块进行比较以期发现语块的加工优势效应。然而这一效应并不能有效证实语块是整体性加工这一结论，也可能是整体和部分同时加工。本研究将其中原因归结为以下三个方面：(1) 单纯比较语块和非语块发现两者的区别，并不能证明两者之间的质性差异，将前者归类于整体性加工，后者归类于分析性加工，也有可能两者都是分析性加工，语块加工的优势只是在线组合上速度的加快。(2) 语块整体表征的定义不够明确，这一概念指的是语块的成分词完全不通达，还是某些成分词可以被激活，上述的实验范式并不能回答这一问题。(3) 语块的加工优势可能是由于前词对后词的预测性带来的，是一种统计学习（statistical learning）效应，这种效应往往是由整体和部分共同带来的（Conway et al.，2010；Thiessen et al.，2013）。这种加工更应该看作是一种自上而下（top-down）的加工，成分词依然对整体意义的提取起作用。Conway et al.（2010）的研究结果提供了非常好的佐证。他们使用的也是听觉监控任务，与 Sosa & MacFarlane（2002）和 Kapatsinski & Radicke（2009）研究不同的是，实验材料并非语块和非语块的比较，而是包含高预测性末尾词的句子（比如：Her entry should win first prize.）和包含低预测性末尾词的句子（比如：The arm is riding on the beach.），句子的听觉呈现过程中，将末尾词的听觉形式夹杂上噪声，使得其难以辨认，被试的任务是听句子后并写出末尾词。研究结果发现，高预测性末尾词，同语块的研究结果一致，正确率更高。本实验选取的材料并非语块，而得出了与语块研究同样的结论，因而通过语块的加工优势推论其整体加工属性的逻辑是存在问题的。

本实验以组块式加工为视角来重新阐释多词短语的整体加工属性，然而本研究并不排除多词短语分析性加工的可能，其内部的成分词以及成分词之间的句法计算仍然对整个短语的加工起作用。不同的是，组块作为认知加工机制，更能够体现口语产出过程中说话人语言表达的基本加工单位，自然语流中每一组块的整体提取均消耗一次注意力资源，而组块内部，无论是成分词的提取还是成分词之间的句法计算都不再消耗注意力资源。

第二语言学习者是否存在语块加工优势，以往研究结果很不一致，所选被试的语言水平和实验材料的频次差异是造成这一结果的主要原因。仅仅谈语块的加工优势，并未深入揭示学习者的认知加工机制，而语言加工的认知属性才是支撑语言能力的根本因素（Anderson，2007；胡伟杰、王建勤 2017）。本研究发现汉语学习者不能实现类似母语者的组块式加工，而是以多个组块的方式进行加工，更多地体现了分析性加工的属性。学习者不能实现多词短语的一次性提取，而是多次消耗有限的注意力资源逐一提取并将其组合为多词短语。汉语学习者多词短语作为控制性加工，使用的是陈述性知识，而不能像母语者那样使用程序性知识实现句法加工的自动化。这一结论与 Ullman 的陈述性—控制性模型的基本思想一致。Ullman 认为，对于母语者来说，词汇记忆依赖陈述性记忆，主要存储在大脑的颞叶组织，涉及事实和时间知识的学习和运用；语法知识则依赖于程序性记忆，存储于大脑的额叶和基底核结构，涉及运动和认知技能以及习惯的获得和表达（Ullman，2001，2004，2016）。相比之下，对于第二语言学习者来说，母语者依赖程序性记忆的语法计算，在第二语言中则主要依赖陈述性记忆。这些显性的语法计算规则，不再像母语者是以程序性的方式进行组块，而是转而以陈述性记忆的方式辅助语言加工（Ullman，2001，2004，2005，2016）。遗憾的是，虽然 Ullman 的模型也指出随着语言熟练程度的提高，第二语言学习者的句法计算过程也在一定程度上往程序性发展，但是并没有明确揭示这一动态过程在认知和句法／语义上的转化机制。

综上所述，相比于语块的加工优势效应，本研究提出了组块式加工的概念，从认知加工的角度探测汉语学习者和汉语母语者口语表达的认知机制。汉语母语者的组块式加工更有利于其从长时记忆系统中整体提取可供使用的语言表达，而汉语学习者非组块式加工需要说话人多次提取并组合，这一过程为容量有限的工作记忆平台增加了更多的加工负荷。

2. 组块形成、组块提取与注意力资源消耗的有无。

本研究认为组块形成和组块提取的认知意义在于，某个语言单位一旦形成组块，其内部成分词之间的连合不再需要注意力资源的参与，而组块作为一个整体单位的提取则消耗注意力资源。这一结论与 Baddeley 的工作记忆模型、MacWhinney 的联合竞争模型以及 Anderson 的思维适应性控制模型的基本思想基本一致，本研究为三个模型之间的互相补充提供了更为充分的实证证据。

Baddeley 的工作记忆模型的基本观点包括，情景缓冲器受控制注意力的中央执行器的监控，因而从情景缓冲器提取组块需要主观意识（conscious awareness）的参与（Baddely, 2000; Baddeleey, 2012）；信息的组块过程在长时记忆中以自动化的方式发生（Baddely, 2000; Baddeley, 2012），不需要意识的参与。

与 Baddeley 的工作记忆模型不同的是，MacWhinney 的联合竞争模型明确区分了程序化和组块截取这两个概念。程序化过程即为 Baddeley 所指的不需要注意力资源的组块过程，而组块截取也不需要注意力资源的参与，但是这个条件下组块的获得是直接从语流中作为一个不加分析的单一词汇成分截取的，并没有经历一个自动化过程。MacWhinney 认为从自然语流中截取获得组块更多发生在儿童的母语学习中。

Baddeley 在其工作记忆模型中提出组块的提取需要主观意识的参与（Baddely，2000；Baddeley，2012），但是在其后来的实证研究中并没有给出相应的证据（Baddeley et al.，2009）。本实验引入复述的通达率这一指标测量即时记忆广度内在单—双任务条件下组块数量的差异来看注意力资源的消耗，研究发现汉语学习者和汉语母语者复述的通达率均受单—双任务干扰，这证实了组块的提取也消耗注意力资源这一结论。对应于 Anderson 思维适应性控制模型的模拟软件，提取缓冲器中的组块时需要用时 50 毫秒，以显示组块提取时对注意力资源的消耗。

Anderson（2007）认为知识的表征分为陈述性知识和程序性知识，前者需要有意识的参与，后者不需要有意识的参与。基于该理论和本研究的研究结果，我们认为汉语母语者将多词短语作为单一组块进行加工，这个单一组块内部成分词之间的连合不再需要注意力资源的参与，那么多词短语的加工使用的是程序性知识。相反，汉语学习者多词短语不是以单一组块，而是以多个组块的方式进行加工，这些组块连合为多词短语的过程则消耗注意力资源，使用的是陈述性知识。也就是说，多词短语作为单一组块的形成这一过程伴随的是学习者所使用的知识类型的改变，从陈述性知识到程序性知识的转变，而后者一旦实现，多词短语内部成分词之间的组合将达到自动化的程度，不再需要注意力资源的参与。

频次、互信息值、前词对后词的预测性等是以往研究界定语块的重要参考指标。本研究在新的语境下从认知加工的角度提出组块的概念，认为组块是自动化了的心理语言学加工单位，其内部成分的组合不消耗注意力资源，属于程序性知识。知识的外在形式（如频次、互信息值等）并不能决定知识的类型是陈述性的还是程序性的，起决定作用的是认知结果的通达机制（Langley et al.，2009）。组块形成、组块提取以及注意力资源消耗的有无正是决定组块这一范畴是否通达的认知机制。

综上所述，汉语学习者在语言表达的流利性上逊于母语者的原因在于其不能将多词短语作为单一组块加工，而是作为多个组块加工，这样形成的组块较小，导致同等语言信息的提取消耗注意力资源的次数更多。正是汉语母语者经过反复无数次的语言训练获得的在长时记忆中存储的这些大而强的组块，使得母语者能节省出大量的注意力资源，不再局限在遣词造句、句法计算等这些较低层次的语言加工上，而能更多地投入到话语的韵律和语调以及篇章组句和逻辑表达上，这在即兴演讲、应付不熟悉的话题和内容等场合显得尤为重要。相比之下，汉语学习者更多地是仍然挣扎在单个词语的语音和语义提取这些零散信息，以及这些零散信息之间句法运算和语义整合等这些自下而上的小单位到大单位的组合过程中，表现在口语流利性上就是停顿多、语调不自然以及起伏的节奏等。

3. 组块作为动态变化的心理语言学单位。

以往研究将频次和互信息看作是界定语块的重要标准，然而许多研究发现母语者对频次信息并不敏感（Schmitt et al., 2004；Ellis et al., 2008；Simpson-Vlach & Ellis, 2010）。除此之外，语块的判定往往还采取了其他标准，比如某一多词单位的前词可以预测后词、不以功能词结尾等（Underwood et al., 2004），语块的界定标准不统一，很容易出现界定不一致的情况。更值得商榷的是，许多研究将语块这一概念看作静态的语言学单位，某一多词单位一经界定为语块，第二语言学习者和母语者都视之为语块，只考虑两者在语块加工上的差异。根据 Wray（2002）的定义，语块是不经过句法运算的整体存储和加工的预制性多词序列。第二语言学习者明显不符合这一定义，仍然使用"语块"一词是不合适的。

本研究在认知加工的新语境下，提出组块的概念，认为组块是自动化加工单位，这反映了组块的动态变化性以及心理的现实性。组块的动态变化性，首先表现在汉语学习者和汉语母语者存储的组块并不一致，比如汉语母语者的三词短语是一个组块，汉语学习者可能是两个组块或三个组块；其次表现在学习者甚至是母语者之间的个体差异，母语者相对稳定，但是对于学习者来说，同一语言单位不同的学习者因为其自身语言经历的不同可能在组块的界定上有差别。

组块的心理现实性强调的是决定组块形成的是知识的认知通达机制，而非知识的形式本身，因而注意力资源的消耗才是决定组块形成的核心标准，从这个意义上来讲，组块是心理语言学单位，而非语言学单位。

4.单—双任务作为组块鉴定的实验范式。

本研究组块的概念是基于相关的记忆模型和理论而提出的，具有一定的理论意义，在实际的操作上使用了针对该模型和理论的对应实验范式：单—双任务范式作为注意力资源消耗的有无的判定。在单任务条件下，被试只需完成序列复述任务；在双任务条件下，被试需要同时完成倒数数任务，使得被试不得不将一部分注意力资源分配到该任务中。由此可见，单—双测试任务效应的本质在于考察语言加工过程中的注意力资源消耗的有无：单任务和双任务条件下表现一致的部分，其加工过程并不需要注意力资源的参与，而两者不一致的部分正是倒数数任务注意力资源消耗的最终所在。

本研究将单—双任务作为组块鉴定的实验范式，主要基于以下几个方面的考虑：（1）该实验范式更适合于在口语语境下考察组块形成，因为口语表达作为在线加工有时间压力的要求（Schmitt et al.,2004），在注意力资源有限的情况下，说话人更需要节省注意力资源以保持记忆，直接从长时记忆中提取组块比通过句法计算临时生成更有效率，这正是单—双任务实际所测的知识和能力。（2）以往研究采用的眼动技术、自定步速阅读任务、合语法性判定任务以及ERP技术均属于阅读理解范畴，听觉监控任务属于听力范畴，而口语范畴相应的组块研究范式较少，其中有短语产出任务和图片命名任务，本研究的单—双任务将是对口语范畴组块研究范式的一大补充。（3）单—双任务所体现的注意力资源有无的对立，更深层地反映了在认知通达机制上质的变化，这种质的变化更能反映组块的整体性加工属性。（4）单一双任务依据于 Baddeley 的工作记忆模型，有一定的理论基础和实证依据。

综上所述，与以往研究使用的方法不同，上述实验范式更能够直接探测多词短语的内在心理加工机制，为多词短语的整体性加工研究开启了一个新的研究方向，希望能为未来的研究提供方法上的借鉴。

三、结论

第二语言学习者多词短语的加工能否实现类似母语者的组块式加工是本研究主要关注的基本问题。本研究以组块为视角，从认知加工来看注意力资源消耗的有无和多少，考察汉语作为第二语言口语能力的组块加工机制。本研究的主要结论如下：

第一，汉语学习者和汉语母语者多词短语的加工方式并不相同。汉语学习者多词短语不是以单一组块，而是以多个组块的方式进行控制性加工。也就是说，多词短语是通过内部多个组块的提取以及组块之间的组合而生成的，而且这个组合过程需要注意力资源的参与。汉语母语者多词短语以单一组块的方式进行加工。

第二，组块是自动化加工单位。某个语言单位一旦形成组块，其内部成分词之间的连合不再需要注意力资源的参与。组块作为一个整体单位的提取消耗注意力资源。

第三，组块是动态变化的心理语言学单位。组块的动态性体现在其存储在长时记忆中是因人因时而异的，心理现实性体现在认知通达机制是鉴定组块的核心标准。

第四，单一双任务是鉴定组块的有效实验范式。单一双任务范式是从注意力资源消耗的角度来看多词短语的认知通达机制，更适合于在口语语境下考察组块形成和组块大小等基本问题。

第八章 汉语学习者言语产出的词类信息激活研究

目前的口语产出模型大多认为口语产出包括四个阶段,以较有代表性的 Levelt(1989)的模型为例,口语产出分为:概念化阶段(conceptualization),即说话者要明确所要表达的概念;言语组织阶段(formulation),即选择恰当的词汇语义、词语句法性质、形态、句法结构和语音表征来表达概念;发音阶段(articulation),用一定的肌肉运动程序将选择好的词语说出来;自我监控阶段(self-monitoring),说话者同时作为听话者来监控自己的言语产出。

汉语第二语言学习者在产出句子时,有时会表现出词类误用的偏误。例如:故事有什么样的结束("的"字后应使用名词"结局",句中误用动词"结束")。词类信息的激活发生在言语组织阶段,但是,目前有关不同语言中词类信息激活的研究结果还很不一致。

Pechmann & Zerbst(2002)发现德语短语产出时激活了词语的词类信息,但未发现单词产出任务中词类信息的激活。Pechmann et al.(2004)采用相同的实验范式,发现英语名词短语产出任务中,词类信息得到激活,也未发现词类信息在单词产出任务中的激活。

洪冬美、钟毅平(2008)研究发现,词语形式产出任务中,词类信息得到激活;名词短语形式产出任务中,词类信息得到激活;简单句产出任务中,词类信息也得到激活。但是,张积家、石艳彩和段新焕（2009）研究发现，在汉语词语形式和短语形式产出任务中，词类信息都仅在 SOA 为-100 毫秒时得到激活。

总结以往研究发现，以印欧语和以汉语为实验材料的研究发现，词语形式产出任务下，未发现印欧语词类信息的激活，但发现汉语在 SOA 为-100 毫秒时激活了词类信息；短语形式产出任务下，印欧语和汉语均激活了词类信息，只是由于实验任务或者语言特征的不同，激活的时间进程略有差异。

分析上述研究，我们发现，词类信息的激活除了受实验任务、干扰词呈现先后及时间等因素的影响外，还受到目标词和干扰词之间语义关系这一重要因素的影响。上述研究中的实验任务均是命名表示名词的图片，但干扰词的词类有名词和动词，干扰名词和目标名词同属于事物（如"砖、窗"），干扰动词则属于事件（如"拉、睡"）。在对实验结果的影响中，词类信息和词汇语义之间的作用没有彻底分离出来（Vigliocco et al., 2011）。

根据以往研究，本研究将采用图词干扰的实验范式，通过三个实验，考察词语产出任务和短语产出任务下，汉语母语者和印欧语为母语的高水平汉语二语者的词类信息激活情况及其与语义因素的关系，以期探讨词类信息在汉语言语产出中的作用。

一、双音节动词产出任务中词类信息的激活研究

（一）研究方法

1. 实验设计。

本实验为 $2 \times 2 \times 2$ 三因素混合设计：因素一为被试母语背景，包括汉语母语者和高水平汉语二语者；因素二为干扰词和目标词之间的语义关系，包括相关和无关；因素三为干扰词和目标词之间的词类关系，包括相同和不同。以目标图"起诉"为例，共存在四类干扰词：

（1）语义相关、词类相同的干扰词"控告"；（2）语义相关、词类不同的干扰词"官司"；（3）语义无关、词类相同的干扰词"追求"；（4）语义无关、词类不同的干扰词"类型"。目标词"起诉"（图略）的干扰词如表8-1所示。因变量为被试命名图片的反应时。

表8-1 实验一材料示例

目标词	干扰词		
	语义关系	词类关系	
		相同	不同
起诉	相关	控告	官司
	无关	追求	类型

2. 被试。

汉语母语者被试为北京师范大学中国本科生及研究生，共34名，其中10名男生，24名女生，平均年龄22岁，普通话标准，视力或矫正视力正常。二语者被试为印欧语为母语的高水平汉语二语者，主要来自南非、美国、罗马尼亚、俄罗斯、墨西哥、英国、西班牙、立陶宛、塞尔维亚等国家，共22名，其中7名男生，15名女生，平均年龄22岁，均通过新汉语水平考试（HSK）五级或六级。

3. 实验任务。

采用图词干扰的图片命名实验范式。给被试呈现表示动作义词语（如"起诉"）的目标图片，让被试忽略位于图片中央的干扰词，大声用双音节动词命名图片。

4. 实验材料。

采用以下方法选择实验材料：（1）选择事件名词。为确保语义相关的干扰名词和目标动词的语义相关程度高，并且减小动词和名词分属事件和事物的区别，首先选择事件名词作为与目标动词语义相关的干扰名词，即表示动作、行为、事件之"过程"的名词（韩蕾，2010；陆丙甫，2012），如"官司、球赛、手术"等。（2）选择其他组材料。

根据事件名词选择目标动词、语义相关干扰动词、语义无关干扰动词和语义无关干扰名词。实验材料共 5 组，每组 22 个，共 110 个双音节词。根据《现代汉语词典》（第 6 版）（中国社会科学院语言研究所词典编辑室编，2012）确定所有词的词类，所选词均为单义词。（3）确定目标动词图片。由 1 名动画系本科生和主试共同设计表示目标动词意义的图片，多次评定并进行修改。最终由 8 名研究生对图片的可理解性进行评价，均表示目标图片可以较恰当地表达目标动词的意义。（4）匹配各组材料的形音义信息。根据 Cai & Brysbaert（2010）的词频表匹配目标词和干扰词的词频，结果显示，各组材料的词频无显著差异（$F_{(4, 105)}$=0.86，p>0.05）；匹配四组干扰词的笔画数，各组笔画数无显著差异（$F_{(3, 84)}$=1.23，p>0.05）。同时，干扰词和目标词没有共同的语素，没有相似的语音。

由 5 名母语者和 5 名高水平二语者对目标词和干扰词的语义相关程度进行七度量表评定，1 表示语义无关，7 表示语义相关。方差分析结果显示，母语者和二语者对语义相关度的评定无显著差异（$F_{(1, 8)}$=0.292，p>0.05），语义相关组和语义无关组的评定差异显著（$F_{(1, 8)}$=4789，p<0.001，η_p^2=0.998），交互作用不显著（$F_{(1, 8)}$=0.086，p>0.05）。

另由 5 名母语者和 5 名高水平二语者对目标词和干扰词词类性质进行七度量表评定，1 表示名词，7 表示动词。方差分析结果显示，母语者和二语者对词类的评定无显著差异（$F_{(1, 8)}$=0.198，p>0.05），动词和名词的评定差异显著（$F_{(1, 8)}$=466，p<0.001，η_p^2=0.983），交互作用不显著（$F_{(1, 8)}$=2.626，p>0.05）。说明这些词语的词类信息不仅在词典标注中属于不同类别，在被试的心理表征上也有差别。选择实验材料时控制了词义的具体性，并由 20 名母语者进行具体性七度量表评定，1 表示语义抽象，7 表示语义具体。结果显示，各组词义具体性之间无显著差异（$F_{(4, 105)}$=1.44，p>0.05）。

5. 实验流程。

采用 E-Prime 1.1 编写实验程序，实验设备包括 PET-SRBOX 反应盒、麦克风和 14 寸笔记本电脑。实验时图片呈现在电脑屏幕中央，占屏幕的 70%。被试的反应通过与反应盒连接的麦克风记录。主试录音并记录被试反应是否正确。

为减少被试的记忆能力对实验结果的影响并保证图片命名任务的操作，实验前 3 天要求被试学会 22 幅目标图片，实验开始前被试首先命名目标图片，无误后开始实验。正式实验前进行 7 个试次的练习，以便被试适应目标图片和干扰词快速呈现的节奏。正式实验时，首先呈现红色注视点"+"150 毫秒，接着同时呈现目标图片和红色干扰词 300 毫秒（即 SOA 为 0 毫秒），干扰词位于图片中央，此时开始计时，最后呈现空白屏幕 2700 毫秒，被试命名后即进入下一个试次。为防止被试采用忽视干扰词的策略，主试强调视线要落在屏幕中央、实验存在干扰词，实验后的访谈中，所有被试均表示可以清楚看到干扰词。4 组干扰词通过拉丁方设计，形成 4 套顺序的实验材料呈现给 4 组被试，以平衡顺序效应。正式实验大约需要 10 分钟完成。

（二）实验结果

删除反应不正确的数据，包括被试产生错误及"嗯、啊"等或者词中间有停顿的反应；删除每种条件平均反应时正负两个标准差以外的数据，母语者共保留总数据的 86.5%，二语者共保留总数据的 86.7%。初步分析显示：错误率整体较低，且平均分布，故未继续进行统计分析。

反应时结果见表 8-2。由于本研究并不重点关注母语者和二语者词语产生速度之间的差异，因此分别根据母语背景做两个两因素被试内重复测量方差分析。对母语者反应时的分析显示：语义关系的主效应不显著（$F_{(1, 33)}=0.34$, $p>0.05$）；词类关系的主效应也不显著（$F_{(1, 33)}=0.88$, $p>0.05$）；语义关系和词类关系的交互作用显著（$F_{(1, 33)}=9.62$, $p<0.01$, $\eta_p^2=0.226$）。本研究主要关注词类信息的激活条件，因此将语义关系的

水平固定进行简单效应分析,结果显示,当干扰词和目标词的语义相关时,词类关系的效应显著($F_{(1, 33)}$=9.28,$p<0.05$,η_p^2=0.219),词类相同词语的产生时间短于词类不同的词语,出现了相同词类的促进效应,说明语义相关时词类信息得到激活;当干扰词和目标词的语义无关时,词类关系的效应不显著($F_{(1, 33)}$=1.37,$p>0.05$)。

对二语者反应时进行方差分析显示:语义关系的主效应显著($F_{(1, 21)}$=5.85,$p<0.05$,η_p^2=0.218),语义相关词语的产生时间长于语义无关词语,出现了语义相关的干扰效应;词类关系的主效应不显著($F_{(1, 21)}$=2.86,$p>0.05$),语义关系和词类关系的交互作用不显著($F_{(1, 21)}$=0.18,$p>0.05$)。也就是说,无论语义是否相关,均未发现二语者在产生汉语词语时词类信息的激活。

表8-2 实验一四种干扰条件下词语产生的平均反应时(毫秒)及标准差

	语义关系	词类关系			
		相同(动词干扰)		不同(名词干扰)	
		平均数	标准差	平均数	标准差
母语者	相关	671.9	159.8	715.8	166.5
	无关	697.2	165.6	676.5	161.5
二语者	相关	861.5	171.1	900.9	171.2
	无关	815.7	135.9	838.9	158.1

(三)讨论

实验一结果说明,在词语产生任务中,汉语母语者在词语的语义相关条件下,激活了词类信息;未发现高水平二语者词类信息的激活。在图词干扰条件下,完成词语产生任务时主要激活的是词语的概念意义;在实际的言语产生过程中,词语的组合也是一个重要的环节,如果将实验任务改变为短语产生任务,被试是否会提取词语组合时所需的词类等语法信息?母语者和高水平二语学习者是否仍存在差别?下面我们将通过实验二对这些问题进行考察。

二、短语"动词+过"产生任务中词类信息的激活研究

(一)研究方法

1.实验设计。

实验为 2×2×2 三因素混合设计:因素一为被试母语背景,包括汉语母语者和高水平汉语二语者;因素二为干扰词和目标词之间的语义关系,包括相关和无关;因素三为干扰词和目标词之间的词类关系,包括相同(动词干扰)和不同(名词干扰)。因变量为被试命名图片的反应时。

2.被试。

汉语母语者被试为北京师范大学中国本科生及研究生,共 31 名,其中 13 名男生,18 名女生,平均年龄 23 岁,普通话标准,视力或矫正视力正常。二语者被试为印欧语为母语的高水平二语者,共 20 名,其中 5 名男生,15 名女生,平均年龄 22 岁,均通过新汉语水平考试五级或六级。

3.实验任务。

采用图词干扰的实验范式,被试的任务为产生包含目标动词的短语。

4.实验材料。

实验材料同实验一。

5.实验仪器和程序。

实验仪器同实验一。实验前 3 天要求所有被试学会 22 幅目标图片,实验中要求被试不要在短语内部停顿,完成"动词+过"的产生任务。正式实验前进行 7 个试次的练习,正式实验程序同实验一,大约需要 10 分钟完成。

(二)实验结果

删除反应不正确的数据,包括被试产生错误及"嗯、啊"等或者词中间有停顿的反应;删除每种条件平均反应时正负两个标准差以外

的数据，母语者共保留总数据的87.3%，二语者共保留数据的88.1%。初步分析显示：错误率整体较低，且平均分布，故未继续进行统计分析。

反应时结果见表8-3。两因素被试内重复测量方差分析显示：语义关系的主效应不显著（$F_{(1, 30)}=0.19$，$p>0.05$）；词类关系的主效应显著（$F_{(1, 30)}=4.64$，$p<0.05$，$\eta_p^2=0.134$），词类相同的动词干扰条件下，目标图片短语产生时间长于词类不同的名词干扰，出现了相同词类的干扰效应；说明此时词类信息得到了激活，也说明短语框架"动词+过"对词类信息的激活有限制作用；语义关系和词类关系的交互作用不显著（$F_{(1, 30)}=0.04$，$p>0.05$）。

对二语者反应时进行方差分析显示：语义关系的主效应显著（$F_{(1, 19)}=4.59$，$p<0.05$，$\eta_p^2=0.195$），语义相关组的产生时间长于语义无关组，出现了语义相关的干扰效应；词类关系的主效应不显著（$F_{(1, 19)}=1.83$，$p>0.05$），未发现词类信息的激活；语义关系和词类关系的交互作用不显著（$F_{(1, 19)}=0.55$，$p>0.05$）。

表8-3 实验二四种干扰条件下短语产生的平均反应时（毫秒）及标准差

	语义关系	词类关系			
		相同（动词干扰）		不同（名词干扰）	
		平均数	标准差	平均数	标准差
母语者	相关	653.3	173.1	629.1	158.1
	无关	650.3	165.1	620.7	159.8
二语者	相关	794.1	148.6	821.6	204.7
	无关	762.2	147.4	775.4	158.6

（三）讨论

实验二发现了短语产生任务对汉语母语者词类信息激活的作用，说明在该任务中，汉语母语者可以提取词语的词类信息；但未发现短语产生任务对二语者词类信息激活的影响，也未发现语义因素对母语者和二语者词类信息激活的影响。在该实验任务中，只有动词可以进入所要求的短语框架；在汉语母语者的言语产生过程中，短语是仅对能进入其中的动词有限制作用，还是对可以进入其中的其他类词语也有限制作用？在二语者言语产生过程中，符合短语要求的词类信息激活情况到底如何？为了更好地解读实验二的结果，并进一步了解短语框架对母语者和二语者词类信息激活的影响，实验三采用"动词+了"短语框架，继续考察短语产生任务下母语者和二语者词类信息的激活方式。

三、短语"动词+了"产生任务中词类信息的激活研究

（一）研究方法

1. 实验设计。

实验为两因素混合设计：第一个自变量为被试母语背景，包括汉语母语者和高水平汉语二语者；第二个自变量为与图片语义无关的干扰词词类，分为三个水平：(1)动词干扰，如"追求"；(2)名词干扰，如"春天"；(3)形容词干扰，如"害羞"。所有干扰词均能进入"词语+了"短语框架中。因变量为产生短语的反应时。

2. 被试。

汉语母语者被试为北京师范大学中国本科生及研究生，共34名，其中11名男生，23名女生，平均年龄22岁，普通话标准，视力或矫正视力正常。二语者被试为印欧语为母语的高水平二语者，共20名，其中6名男生，14名女生，平均年龄22岁，均通过新汉语水平考试五级或六级。

3. 实验任务。

采用图词干扰的实验范式。给被试呈现表示动作义的目标图片（如"起诉"），让被试忽略位于图片中央的干扰词，大声产出"动词+了"短语。

4. 实验材料。

采用实验一的目标图片。动词干扰组选择实验一中能进入"动词+了"短语的语义无关干扰动词;名词干扰组选择具有时间或者序列意义的名词,所有用于实验材料的此类名词均能组成"名词+了"短语(如"春天了、硕士了");形容词干扰组选择动态形容词(张国宪,1995),所有用于实验材料的动态形容词均能组成"形容词+了"短语(如"害羞了、强大了")。以上短语均能在北京语言大学BCC现代汉语语料库中找到实例。三种干扰词词类根据《现代汉语词典》(第6版)确定。

匹配目标词和干扰词的频率,四组词频无显著差异($F_{(3, 84)}$=0.505,p>0.05)。匹配干扰词的笔画数,各组笔画数无显著差异($F_{(2, 63)}$=0.331,p>0.05)。且目标词和干扰词无共同语素、无相似语音。

5. 实验流程。

实验仪器及程序同实验二,大约需要10分钟完成。3组干扰词通过拉丁方设计形成3套顺序的实验材料呈现给3组被试,以平衡顺序效应。

(二)实验结果

数据取舍标准同实验二,母语者共保留总数据的91.1%,二语者共保留总数据的92.7%。初步分析显示:错误率整体较低,且平均分布,故未继续进行统计分析。

反应时结果见表8-4。单因素被试内重复测量方差分析显示:干扰词类型的主效应不显著($F_{(2, 66)}$=1.10,p>0.05)。对二语者反应时进行方差分析显示:干扰词类型的主效应也不显著($F_{(2, 38)}$=1.03,p>0.05)。

表8-4 实验三 三种干扰条件下短语产生的平均反应时(毫秒)及标准差

	干扰词类型		
	动词(SD)	名词(SD)	形容词(SD)
母语者	622.7(133.2)	641.1(155.2)	634.1(144.9)
二语者	745.0(147.1)	780.8(161.1)	760.6(151.4)

(三)讨论

虽然研究结果显示,母语者和二语者产生"动词+了"时,不同词类对目标动词的干扰作用相同,但结合实验二的结果,我们推测,实验三中母语者和二语者在词类信息激活方面存在差异。实验二已发现汉语母语者在短语产生任务中动词词类信息的激活,在实验三中,由于所选择的动、形、名三种词类均能进入"词语+了"短语框架,所以不同词类的干扰作用相同。我们后续访谈了5名汉语母语者,他们均能准确区分实验材料中的动词、形容词和名词;且告诉主试,干扰词对他们产生目标结构存在较大影响。这意味着对于母语者来说,在短语产生任务中,不同的词类信息均得到激活;而实验二未发现二语者词类信息的激活,结合语言教学中二语者常常产生关于"了"的偏误,我们推测,实验三中,二语者的词类信息可能也没有激活。当然,对于这一推测,还需后续研究做进一步的检验。

四、结论

本研究通过三个实验,发现词语产生任务中,汉语母语者在存在语义相关词语的情况下,激活了词类信息;在短语产生任务中,无论词汇语义是否相关,都会激活词语的词类信息以适应句法结构的要求;而印欧语母语高水平汉语二语者在上述任务中,只有词义信息得到激活,并未发现词类信息的激活。下面我们结合本研究所关注的词类信息激活的条件、汉语母语者和二语者之间词类信息激活的异同等问题分别进行讨论。

(一)汉语母语者词语产生时词类信息的激活

以往词语产生任务下,考察母语者词类信息激活时间进程的研究,由于未控制语义因素的影响,在 SOA 为 0 毫秒时,几乎都未发现词类信息的激活(Pechmann & Zerbst,2002;张积家、石艳彩、段新焕，2009），其结果和实验一中语义无关条件时未发现词类信息激活的结果相同。但是，本研究发现当有语义相关的词语存在，产生汉语动词时激活了词语的词类信息。该发现与 Vigliocco et al.（2005）关于意大利语的研究结果不同，其研究在 SOA 为 0 毫秒时，未发现词类信息的激活。这种不同可能是由于意大利语与汉语语言特征的差异所致。意大利语中的动词有形态上的标记，动词的不定式后缀有三类，分别以 –are、–ere 或者 –ire 结尾；名词分阴性和阳性，阴性多以 –a 结尾，阳性多以 –o 结尾（赵秀英，2000：40，86），形态上的标记使人们更容易辨别语义相近但词类不同的词语。在词语产生任务中，意大利语母语者通过关注形态就可以正确地产生词语。而汉语是孤立语，缺少严格意义上的形态变化，词类或许作为区别性的特征之一，使汉语母语者在产生词语时，尽量排除语义相近但词类不同词语的干扰。例如，在描述法庭的情景时，被试心理词典激活的词语可以是"起诉、控告、官司"等，词类信息表征可以使汉语母语者将"官司"作为异类选出来。Bock & Levelt（1994）的言语产生模型中，词类信息的激活也体现在语义相关的词语之间。可以推测，在汉语母语者的口语产生过程中，词义信息和词类信息加工之间具有密切关系，词义信息的加工有助于词类信息的激活，词类信息的激活则有助于词义信息的明确。

至于母语者词语产生时，词类信息激活出现了相同词类的促进效应，可能和词语在心理词典中的表征有关。Brown & Berko（1960）通过实验提出，成年母语者大部分的名词和动词在词汇联想任务中产生的是相同词类的词语。那么，和目标词词类相同的干扰词在心理词典中与目标词的距离较近，在相同词类的干扰词先行激活的条件下，则更容易激活目标词，因此出现了词类促进效应。

（二）汉语母语者短语产生时词类信息的激活

与洪冬美、钟毅平（2008）的研究结果一致，本研究也发现在 SOA 为 0 毫秒时，产生"过"字短语和"了"字短语等涉及较强句法要求的任务中，汉语母语者激活了词语的词类信息。一种可能的解释是，短语"词语+过"和"词语+了"对进入其中的成分有选择和限制作用，这种作用在汉语母语者的短语加工中得到提取。实验二中的"过"是表示过去曾经意义的"过$_2$"，"动词+过"的语法意义表示过去曾经发生的动作，可以看作一种构式。实验三中的"了"无论是"了$_1$"或者"了$_2$"，实质上是同一成分在不同句法位置上的变体，都表示行为、动作、性质和状态等从未出现到出现的发展过程，能进入"了"字结构的词语都有"实现过程"的意义（石毓智，2000：20），"词语+了"也可以看作一种构式。两类短语均以类似"构式压制"的方式对进入其中的词语的词类信息进行选择和激活。

同以往采用汉语为实验材料的研究相比，本研究发现，将语义因素引入短语产生任务时，母语者词类信息的激活只受短语框架的句法要求影响，不受词汇间语义关系的影响。该结果与Vigliocco et al.（2005）采用意大利语屈折形式命名图片的结果一致。正如Garrett（1980）发现，句子产生层面，几乎所有的词汇错误都和词类相关。我们认为，如果词语的词类符合一定的句法要求，它们的词类信息就会激活，并发生相同词类间的竞争作用。短语产生任务和屈折形式产生任务均为较强的句法任务，说话者需要激活词语的词类来适应短语框架或词形变化的句法要求；而语义关系的远近在这种较强句法任务中的作用不大。词语的句法语义只需符合构式的要求即可，无需如词语产生任务一样，激活词类信息来准确区分语义相近的词语。

现有的言语产生模型可以根据词类信息是否激活分为两类（Vigliocco et al.，2011）。一类是基于词汇主义的观点（lexicalist view），认为言语产生的词条层预存了词汇的语义、语法、语音等信息，词类信息和语义、语音信息一样，在产生时都需要从记忆中调取。强势的词汇主义模型认为，词类信息在产生中必须提取，词类信息和动词论元的自动激活能够促进句法结构的重复使用（Pickering &

Branigan，1998）；而弱势的观点认为，词类信息只有在产生句子、短语，或者需要提取时才会被激活（Levelt，1999）。另一类是基于浮现主义的观点（emergentist view）。以 Chang et al.（2006）提出的双通道模型（dual path model）为例，该模型不涉及词类信息的激活，核心思想是当我们接触到某一个词语时，会根据它前后出现的词语频率来预测下一个可能出现的词语，人们从错误中学习正确的语法，这种学习过程可以通过 SRN（Simple Recurrent Network）来进行计算机模拟。

本结果为弱势的基于词汇主义的产生模型提供了实验支持，不仅如此，我们还发现了在汉语产生中，词类信息可以作为区分语义相近词语的手段，为言语产生模型中具有汉语特色的词类信息的激活条件提供了新的视角。

（三）二语者词语和短语产生时词类信息的激活

无论以词语形式产生还是以短语形式产生汉语时，均未发现高水平二语者词类信息的激活。结合 HSK 动态作文语料以及教学中二语者出现的词类误用偏误，我们推测，即使印欧语母语高水平汉语二语者，也较难准确激活汉语的词类信息。这一结果与肖青（2013）的实验结果相似，其行为和 ERP 实验均发现：与汉语母语者同时激活动词的概念意义和句法信息不同，英语母语的高水平汉语二语者在动词加工早期只激活动词的概念意义，与动词句法相关的信息在激活上未得到体现。

大部分形态丰富的印欧语言可以从词形上区分词类，即使语义相近的词语，如果词类不同，形态也不同；例如，意大利语表示"沉没"意义的动词"affondare"和表示"下降"意义的名词"caduta"。印欧语母语者的学习和使用经验可以使其较多关注词形线索，而在学习汉语这样一种缺乏严格意义上形态变化的语言时，需要利用词类线索区分语义相近的词语，这对二语学习者来说是一个全新的挑战。同时，在汉语中，同一语法位置可以出现不同词类的词语、同一词类的词语又可以位于不同语法位置,短语框架对词类信息的限制作用比较复杂,因此汉语短语中的词类信息在二语者的言语产生中难以准确提取和加工,故而会出现词类误用的偏误。

实验一、实验二发现了二语者稳定的语义干扰效应,说明词语的语义信息得到了激活。但是对二语者而言,词义信息如何和词类信息发生互动,这是学习的难点。语言由语义、语法、形态和语音等不同模块构成,模块内部有其运行机制,模块间也有其接口或界面的运行机制(袁博平,2015)。Sorace & Filiaci(2006)提出"界面假说"(interface hypothesis):纯句法特征可以在学习后期完全习得,而句法和其他范畴间的界面特征则难以完全习得。本研究结果预示着,高水平二语者已经基本构建了汉语的语义系统,也在一定程度上形成了汉语的语法系统,但是如何将两个模块间的运行机制有效地组织起来,是研究者和对外汉语教师应该考虑的问题。

本研究也发现,高水平二语者能够在纸笔测验上较好地区分较典型的名词和动词,说明他们的二语心理词典已经基本构建了词条的词类表征,但是词类信息却难以自动激活以适应所产出的短语框架要求。二语者关于词类的知识多为教师教授或者从课本、字典学习而来,属于外显的知识;在图词干扰的快速产出任务中,需要激活的为无意识的内隐知识,二语者在词类的外显知识和内隐知识的转化方面尚存困难。Norris & Ortega(2000)认为,外显知识的教学能够加速语言的习得。我们肯定词类教学的必要性,但教师需要开发更为有效的教学方法,使关于词类的外显知识能够有效地转化为内隐知识。

本章通过3个实验探讨了词语产生和短语产生任务下,汉语母语者和印欧语母语的高水平汉语二语者词类信息激活的情况。研究发现,在汉语母语者的言语产出中,词类信息可能作为区分语义相近词语的手段而得到激活,而短语框架的句法要求会超越词汇语义的作用,限制进入其中的词语的词类;但是印欧语母语的高水平二语者可能无法准确激活词语的词类信息以适应言语产生的需要。

将本研究结果与相关的汉语本体研究、汉语第二语言教学研究相结合，我们认为，下述问题有待研究者们继续深入思考和探讨：

第一，在汉语本体研究领域，自 20 世纪 50 年代的词类问题大讨论，到近年来沈家煊先生"名动包含"的观点（沈家煊，2015），词类问题一直是一个研究热点，也一直存在着不同的观点和分歧。从本文的研究结果看，词类信息不仅作为表征存在于汉语母语者的心理词典中，更在激活中与词汇语义、句法结构存在关联。因此，汉语词类的研究不仅要基于表征，更要基于使用；不仅要考察词类本身，也应考察词类和其他语言要素间的互动关系；不仅要从语言学视角考察词类，也应从心理语言学或神经语言学视角进行考察。

第二，在汉语第二语言教学领域，与短语产生有关的构式、语块、格式的教学已得到了广泛认可，这种方法也同样适用于引导学生关注特定结构或语法位置中对词类信息的要求。那么，对于词类这一学习难点，这类方法的效果如何？哪些类型的词语或结构的学习适合采用这种方法？除了目前比较关注的语块教学之外，还有哪些方法有助于学生掌握并使用词语的词类信息？这些都值得汉语教师思考和探讨。

第三，随着第二语言习得与教学中各种理论与实践的发展，关于语义与句法界面、词汇与句法接口、结构与功能、内隐知识与外显知识等问题的探讨日益深入，其重要性与紧迫性也日益突显。本研究结果不仅从心理加工的角度印证了汉语二语者在词类使用方面的偏误，也可为上述重要问题的探讨提供实证参考和分析视角。同时，本研究的结果对于我们重新探究汉语研究和教学中词类难点出现的原因，采用多视角结合的方法去审视、探讨和解决这些难点将提供有价值的参考。

附录 8-1　实验材料

实验一及实验二部分实验材料

目标动词	语义相关动词	语义相关名词	语义无关动词	语义无关名词
起诉	控告	官司	追求	类型
对抗	竞争	平局	承诺	期间
休息	暂停	假期	推荐	后果
赠送	给予	心意	加固	整体
分担	共享	情谊	听从	当局
发愁	担忧	心事	回收	国民

实验三部分实验材料

目标动词	干扰动词	干扰名词	干扰形容词
起诉	追求	春天	害羞
对抗	承诺	深夜	明亮
休息	推荐	周岁	强大
赠送	加固	硕士	骄傲
分担	听从	新年	衰老
发愁	回收	凌晨	安静

参考文献

埃·奥·卜劳恩（2011）《父与子全集》，北京：中国华侨出版社。
鲍　贵（2010）《英语学习者语言复杂性变化对比研究》，《现代外语》第2期。
曹剑芬（2001）《汉语韵律切分的语音学和语言学线索》，载《新世纪的现代语音学——第五届全国现代语音学学术会议论文集》，北京：清华大学出版社。
曹剑芬（2003）《基于语法信息的汉语韵律结构预测》，《中文信息学报》第3期。
曹剑芬（2011）《韵律结构与汉语语音的变化》，《南京师范大学文学院学报》第3期。
陈　龙、杨鸿武、蔡莲红（2008）《基于TBL算法的汉语韵律词预测》，《西北师范大学学报（自然科学版）》第1期。
陈梦恬（2015）《第二语言学习者的汉语口语韵律切分能力研究》，北京语言大学硕士学位论文。
陈　默（2007）《韩国留学生汉语句子停延习得的实验分析》，《暨南大学华文学院学报》第2期。
陈　默（2012）《美国留学生汉语口语产出的流利性研究》，《语言教学与研究》第2期。
陈　默（2013）《美国留学生汉语口语产出的韵律边界特征研究》，《世界汉语教学》第1期。
陈　默（2015a）《汉语作为第二语言的朗读流利度和准确度的实验研究》，载《汉语应用语言学研究》第4期，北京：商务印书馆。
陈　默（2015b）《汉语作为第二语言自然口语产出的复杂度、准确度和流利度研究》，《语言教学与研究》第3期。
陈　默（2015c）《英语母语者汉语朗读流利度的教学研究》，《华文教学与研究》第1期。
陈　默、王建勤（2008）《汉语作为第二语言的口语产出韵律边界特征的个案研究》，《汉语学习》第4期。
成艳萍、何其光、韩晓立（2007）《英语课堂焦虑对大学生口语表达的影响》，《语言教学与研究》第 1 期。

范祖奎、胡炯梅（2010）《中亚来华留学生的文化冲突与适应》,《新疆师范大学学报（哲学社会科学版）》第 3 期。

高立群、孙慧莉（2007）《对外汉语课堂教学量化工具的设计构想》,《世界汉语教学》第 4 期。

高思畅、王建勤（2018）《韩国汉语学习者口语韵律组块的特征》,《云南师范大学学报（对外汉语教学与研究版）》第 1 期。

高思畅、王建勤（2019）《汉语学习者口语韵律边界的位置研究》,《汉语学习》第 3 期。

高宪礼（2008）《课堂环境下英语学习焦虑感与口语流利性关系》,《沈阳大学学报》第 1 期。

国家汉办/孔子学院总部（2010）《新汉语水平考试大纲 HSK 六级》,北京：商务印书馆。

韩　蕾（2010）《试析事件名词的词类地位》,《宁夏大学学报（人文社会科学版）》第 1 期。

洪冬美、钟毅平（2008）《言语产生中汉语词类信息的加工进程》,《心理科学》第 4 期。

胡伟杰、王建勤（2017）《第二语言口语认知流利性对口语能力的预测作用》,《世界汉语教学》第 1 期。

教育部、国家语言文字工作委员会（2010）《汉语国际教育用音节汉字词汇等级划分》,北京：北京语言大学出版社。

李传益（2014）《大学英语听说课堂学生消极沉默现象实证研究》,《湖北科技学院学报》第 9 期。

李卫君、杨玉芳（2007）《从讲话者和听话者两个角度看韵律的句法解歧》,《心理科学进展》第 2 期。

刘现强（2007）《现代汉语节奏支点初探》,《语言教学与研究》第 3 期。

陆丙甫（2012）《汉、英主要"事件名词"语义特征》,《当代语言学》第 1 期。

彭　慧、卢慧玲（2012）《英语学习者口语句法复杂性发展研究》,《西安外国语大学学报》第 1 期。

钱旭菁（1999）《外国留学生学习汉语时的焦虑》,《语言教学与研究》第 2 期。

沈家煊（2015）《词类的类型学和汉语的词类》,《当代语言学》第 2 期。

石毓智（2000）《语法的认知语义基础》,南昌：江西教育出版社。

谭利思（2006）《不同口语任务、不同准备条件对口语流利度、准确度和复杂度的影响》,《南京财经大学学报》第 6 期。

王　蓓、杨玉芳、吕士楠（2002）《汉语语句中重读音节音高变化模式研究》,《声学学报》第 3 期。

王　蓓、杨玉芳、吕士楠（2004）《汉语韵律层级结构边界的声学分析》,《声学学报》第1期。
王　冰（2015）《韩国学生汉语普通话停顿实验研究》，暨南大学硕士学位论文。
王洪君（2000）《汉语的韵律词与韵律短语》，《中国语文》第6期。
王洪君（2001）《汉语非线性音系学》，北京：北京大学出版社。
王洪君（2008）《汉语非线性音系学（增订版）》，北京：北京大学出版社。
王佶旻（2002）《三类口语考试题型的评分研究》，《世界汉语教学》第4期。
王建勤主编（2009）《第二语言习得研究》，北京：商务印书馆。
王茂林（2011）《汉语自然话语韵律模式研究》，广州：暨南大学出版社。
王　宇、樊　宇（2011）《理工科学生书面语词汇复杂度发展研究》，《郑州航空工业管理学院学报》第6期。
文秋芳（2006）《英语专业学生口语词汇变化的趋势与特点》，《外语教学与研究》第3期。
巫文胜、卢家楣、郭　薇（2009）《对大学生外语口语焦虑状态的聚类分析》，《心理科学》第5期。
吴　洁、刘春燕（2013）《英语专业学生二语口语准确性和复杂性的发展研究》，《北京第二外国语学院学报》第10期。
吴晓如、王仁华、刘庆峰（2003）《基于韵律特征和语法信息的韵律边界检测模型》，《中文信息学报》第5期。
肖　青（2013）《高级汉语水平英语母语者汉语动词及其相关信息的表征与加工研究》，北京师范大学博士学位论文。
杨锦陈、杨玉芳（2004）《言语产生中的韵律生成》，《心理科学进展》第4期。
易保树、罗少茜（2012）《工作记忆容量对二语学习者书面语产出的影响》，《外语教学与研究》第4期。
袁博平（1995）《第二语言习得研究的回顾与展望》，《世界汉语教学》第4期。
袁博平（2015）《汉语二语习得中的界面研究》，《现代外语》第1期。
袁玉琳（2012）《任务复杂度对二语口语产出流利度、复杂度、准确度的影响》，重庆大学硕士学位论文。
翟　艳（2011）《口语流利性主观标准的客观化研究》，《语言教学与研究》第5期。
张国宪（1995）《现代汉语的动态形容词》，《中国语文》第3期。
张积家、石艳彩、段新焕（2009）《汉语言语产生中词类信息的激活》，《心理科学》第1期。
张　莉（2002）《留学生汉语阅读焦虑感研究》，《语言文字应用》第4期。
张文忠（1999）《第二语言口语流利性发展的理论模式》，《现代外语》第2期。
张文忠、吴旭东（2001）《第二语言口语流利性发展定量研究》，《现代外语》第4期。
赵秀英（2000）《速成意大利语》，北京：外文出版社。
郑　波、王　蓓、杨玉芳（2002）《韵律对指代歧义的解歧作用及其机制》，《心理学报》第6期。

中国社会科学院语言研究所词典编辑室编（2012）《现代汉语词典》（第6版），北京：商务印书馆。

周宝芯（2014）《泰国、印尼学习者汉语韵律习得研究》，南京师范大学博士学位论文。

周明强（2002）《句子的停延和句法结构的关系》，《语言教学与研究》第3期。

Ahmadian M. J. & Tavakoli M.（2011）Exploring the utility of action research to investigate second-language classrooms as complex systems. *Educational Action Research* 19（2），121-136.

Anderson J. R.（1982）Acquisition of cognitive skill. *Psychological Review* 89（4），369.

Anderson J. R.（1983）*The Architecture of Cognition*. Cambridge, MA: Harvard University Press.

Anderson J. R.（2007）*How Can the Human Mind Occur in the Physical Universe*? New York, NY: Oxford University Press.

Bachenko J. & Fitzpatrick E.（1990）A computational grammar of discourse-neutral prosodic phrasing in English. *Computational Linguistics* 16（3），155-170.

Bachenko J., Fitzpatrick E. & Wright C. E.（1986）The contribution of parsing to prosodic phrasing in an experimental text-to-speech system. In Proceedings of the 24th Annual Meeting on Association for Computational Linguistics.

Baddeley A. D.（2000）The episodic buffer: A new component of working memory? *Trends in Cognitive Sciences* 4（11），417-423.

Baddeley A. D.（2012）Working memory: Theories, models, and controversies. *Annual Review of Psychology* 63, 1-29.

Baddeley A. D. & Hitch G. J.（1974）Working memory. In Bower G. A.（Ed.），*The Psychology of Learning and Motivation*, Vol. 8. New York, NY: Academic Press.

Baddeley A. D., Hitch G. J. & Allen R. J.（2009）Working memory and binding in sentence recall. *Journal of Memory & Language* 61（3），438-456.

Bock K. & Levelt W. J. M.（1994）Language production: Grammatical encoding. In Gernsbacher M. A.（Ed.），*Handbook of Psycholinguistics*. San Diego, CA: Academic Press.

Bosker H. R., Pinget A. F. & Quené H.（2013）What makes speech sound fluent? The contributions of pauses, speed and repairs. *Language Testing* 30（2），159-175.

Breen M., Watson D. G. & Gibson E.（2011）Intonational phrasing is constrained by meaning, not balance. *Language and Cognitive Processes* 26（10），1532-1562.

Brown R. & Berko J.（1960）Word association and the acquisition of grammar. *Child Development* 31, 1-14.

Bygate M.(2001) Effects of task repetition on the structure and control of oral language. In Bygate M., Skehan P. & Swain M.(Eds.), *Researching Pedagogic Tasks: Second Language Learning, Teaching and Testing*. Harlow, UK: Pearson Longman.

Byrnes H.(2009) Emergent L2 German writing ability in a curricular context: A longitudinal study of grammatical metaphor. *Linguistics & Education* 20 (1), 50–66.

Cai Q. & Brysbaert M.(2010) SUBTLEX-CH: Chinese word and character frequencies based on film subtitles. *PLoS One* 5 (6), e10729.

Chang F., Dell G. S. & Bock K.(2006) Becoming syntactic. *Psychological Review* 113, 234–272.

Cohen J.(1988) *Statistical Power Analysis for the Behavioral Sciences* (2nd edition). Hillsdale, NJ: Erlbaum.

Conway C. M., Bauernschmidt A., Huang S. S., & Pison D. B.(2010) Implicit statistical learning in language processing: Word predictability is the key. *Cognition* 114 (3), 356–371.

Cooper W. E. & Paccia-Cooper J.(1980) *Syntax and Speech* (No. 3). Harvard University Press.

Costa J.(1998) *Word Order Variation: A Constraint-based Approach*. Holland Academic Graphics.

Cowan N.(2001) The magical number 4 in short-term memory: A reconsideration of mental storage capacity. *Behavioral & Brain Sciences* 24 (1), 87–114.

Crookes G.(1989) Planning and interlanguage variation. *Studies in Second Language Acquisition* 11 (4), 367–383.

Cucchiarini C., Strik H. & Boves L.(2002) Quantitative assessment of second language learner's fluency: Comparing between read and spontaneous speech. *Journal of Acoustical Society of America* 111 (6), 2862–2873.

Deborah Schiffrin(2007) *Discourse Markers*(《话语标记》),北京:世界图书出版公司;剑桥:剑桥大学出版社。

De Bot K.(2008) Introduction: Second language development as a dynamic process. *Modern Language Journal* 92 (2), 166–178.

De Pijper J. R. & Sanderman A. A.(1994) On the perceptual strength of prosodic boundaries and its relation to suprasegmental cues. *The Journal of the Acoustical Society of America* 96 (4), 2037–2047.

DeKeyser R.(2001) Automaticity and automatization. In Robinson P.(Ed.), *Cognition and Second Language Instruction*. Cambridge: Cambridge University Press.

Dong H., Tao J. & Xu B.(2005)Chinese prosodic phrasing with a constraint-based approach. *Ninth European Conference on Speech Communication and Technology*, 3241-3244. September 4-8, Lisbon, Portugal.

Dŏrnyei Z.(2009)Individual differences: Interplay of learner characteristics and learning environment. *Language Learning* 59, 230-248.

Ellis N. C.(2001)Memory for language. In Robinson P.(Ed.), *Cognition and Second Language Instruction*. Cambridge: Cambridge University Press.

Ellis N. C., Simpson-Vlach R. & Maynard C.(2008)Formulaic language in native and second language speakers: Psycholinguistics, corpus linguistics, and TESOL. *TESOL Quarterly* 42(3), 375-396.

Ellis N. C. & Sinclair S. G.(1996)Working memory in the acquisition of vocabulary and syntax: Putting language in good order. *The Quarterly Journal of Experimental Psychology: Section A* 49(1), 234-250.

Ellis R.(2003)*Task-based Language Learning and Teaching*. Oxford: Oxford University Press.

Ellis R.(2005)Measuring implicit and explicit knowledge of a second language: A psychometric study. *Studies in Second Language Acquisition* 27(2), 141-172.

Ellis R.(2009a)The differential effects of three types of task planning on the fluency, complexity, and accuracy in L2 oral production. *Applied Linguistics* 30(4), 474-509.

Ellis R.(2009b)Measuring implicit and explicit knowledge of a second language. In Ellis R., Loewen S., Elder C., Philp J. & Reinders H.(Eds.), *Implicit and Explicit Knowledge in Second Language Learning, Testing and Teaching*. Tonawanda, NY: Multilingual Matters.

Ellis R., Loewen S. & Erlam R.(2006)Implicit and explicit corrective feedback and the acquisition of L2 grammar. *Studies in Second Language Acquisition* 28(2), 339-368.

Ferreira F.(1993)Creation of prosody during sentence production. *Psychological Review* 100(2), 233-253.

Ferreira F.(2007)Prosody and performance in language production. *Language & Cognitive Processes* 22(8), 1151-1177.

Ferreira F. & Karimi H.(2015)Prosody, performance, and cognitive skill: Evidence from individual differences. In Frazier L. & Gibson E, *Explicit and Implicit Prosody in Sentence Processing*. Springer International Publishing.

Foster P., Tonkyn A. & Wigglesworth G.(2000)Measuring spoken language: A unit for all reasons. *Applied Linguistics* 21(3), 354-375.

Foster P. & Skehan P.(1996)The Influence of planning on performance in task-based learning. *Studies in Second Language Acquisition* 18（3）, 299-324.

Freed B. F.（1995）What makes us think that students who study abroad become fluent? In Freed B. F.（Ed.）, *Second Language Acquisition in a Study Abroad Context*. Philadelphia, PA: John Benjamins.

García-Amaya L.（2012）Second language fluency and cognition: The study of Spanish second language development in an overseas immersion program and an at-home foreign language classroom. Doctoral Dissertation, Indiana University.

Garrett M. F.（1980）Levels of processing in sentence production. *Language Production* 1, 177-220.

Gee J. P. & Grosjean F.（1983）Performance structures: A psycholinguistic and linguistic appraisal. *Cognitive psychology* 15（4）, 411-458.

Gilchrist A. L., Cowan N. & Naveh-Benjamin M.（2008）Working memory capacity for spoken sentences decreases with adult ageing: Recall of fewer but not smaller chunks in older adults. *Memory* 16（7）, 773-787.

Gilchrist A. L., Cowan N. & Naveh-Benjamin M.（2009）Investigating the childhood development of working memory using sentences: New evidence for the growth of chunk capacity. *Journal of Experimental Child Psychology* 104（2）, 252-265.

Grosjean F., Grosjean L. & Lane H.（1979）The patterns of silence: Performance structures in sentence production. *Cognitive Psychology* 11（1）, 58-81.

Grosjean F. & Collins M.（1979）Breathing, pausing and reading. *Phonetica* 36（2）, 98-114.

Hagoort P.（2019）The neurobiology of language beyond single-word processing. *Science* 366（6461）, 55-58.

Hatch E.（1978）Discourse analysis and second language acquisition. In Hatch E.（Ed.）, *Second Language Acquisition: A Book of Readings*. Rowley, Mass: Newbury House.

Horwitz E. K.（1986）Preliminary evidence for the reliability and validity of a foreign language anxiety scale. *TESOL Quarterly* 20（3）, 559-562.

Huebner T.（1983）*A Longitudinal Analysis of the Acquisition of English*. Ann Arbor Mich: Karoma Publishers.

Hummel K. M.（2009）Aptitude, phonological memory, and second language proficiency in nonnovice adult learners. *Applied Psycholinguistics* 30（2）, 225-249.

Jefferies E., Lambon Ralph M. A. & Baddeley A. D.（2004）Automatic and controlled processing in sentence recall: The role of long-term and working memory. *Journal of Memory and Language* 51（4）, 623-643.

Jiang N. & Nekrasova T. M.（2007）The processing of formulaic sequences by second language speakers. *The Modern Language Journal* 91（3）, 433-445.

Jun S. A.（2002）Syntax over focus. In Hansen J. H. L. & Pellom B., *Proceedings of the 7th International Conference on Spoken Language Processing*, 2281-2284. September 16-20, Denver, CO, USA.

Jun S. A.（2003）Prosodic phrasing and attachment preferences. *Journal of Psycholinguistic Research* 32（2）, 219-249.

Kapatsinski V. & Radicke J.（2009）Frequency and the emergence of prefabs: Evidence from monitoring. In Corrigan R., Moravcsik E. A., Ouali H. & Wheatley K.（Eds.）, *Formulaic Language: Acquisition, Loss, Psychological Reality, and Functional Explanations*. Amsterdam, Philadelphia: John Benjamins Publishing Company.

Kormos J.（2006）*Speech Production and Second Language Acquisition*. Mahwah, NJ: Lawrence Erlbaum Associates.

Kormos J. & Dénes M.（2004）Exploring measures and perceptions of fluency in the speech of second language learners. *System* 32（2）, 145-164.

Krashen S.（1977）Some issues relating to the Monitor Model. In Brown H. *et al.*（Eds.）, *Teaching and learning English as a second Language: Trends in Research and Practice*. Washington, D. C.: TESOL, 1977: 144-158.

Krashen S.（1981）*Second Language Acquisition and Second Language Learning*. Oxford: Pergamon Press.

Krashen S.（1982）*Principles and Practice in Second Language Acquisition*. Oxford: Pergamon Press.

Langley P., Laird J. E. & Rogers S.（2009）Cognitive architectures: Research issues and challenges. *Cognitive Systems Research* 10（2）, 141-160.

Larsen-Freeman D.（1978）An ESL index of development. *TESOL Quarterly* 12（4）: 439-448.

Larsen-Freeman D.（1997）Chaos/complexity science and second language acquisition. *Applied Linguistics* 18（2）: 141-165.

Larsen-Freeman D.（2006）The emergence of complexity, fluency, and accuracy in the oral and written production of five Chinese learners of English. *Applied Linguistics* 27（4）: 590-619.

Larsen-Freeman D. & Cameron L.（2008）*Complex Systems and Applied Linguistics*. Oxford: Oxford University Press.

Larsen-Freeman D. & Strom V.（1977）The construction of a second language acquisition index of development. *Language Learning* 27（1）, 123-134.

Laufer B. & Nation P.（1999）A vocabulary- size test of controlled productive ability. *Language Testing* 16（1）, 33-51.

Lennon P. (1990) Investigating fluency in EFL: A quantitative approach. *Language Learning* 40 (3), 387-417.

Levelt W. J. (1989) *Speaking: From Intention to Articulation*. Cambridge, MA: The MIT Press.

Levelt W. J. (1993) *Lexical Access in Speech Production*. New York: Springer Netherlands.

Levelt W. J. (1999) Models of word production. *Trends in Cognitive Sciences* 3 (6), 223-232.

Levelt W. J., Roelofs A. & Meyer A. S. (1999) A theory of lexical access in speech production. *Behavioral and Brain Sciences* 22 (01), 1-38.

Long M. H. & Sato C. (1984) Methodological issues in interlanguage studies: An interactionist perspective. In Davies A., Criper C. & Howatt A. (Eds.) *Interlanguage*. Edinburgh: Edinburgh University Press.

Lu Q., Xu C. & Liu H. (2016) Can chunking reduce syntactic complexity of natural languages? *Complexity* 21 (S2), 33-41.

Lucas J. (1984) Communication apprehension in the ESL classroom: Getting our students to talk. *Foreign Language Annals* 17 (6), 593-598.

MacWhinney B. (1997) Implicit and explicit processes: Commentary. *Studies in Second Language Acquisition* 19 (2): 277-281.

Mehnert U. (1998) The effects of different lengths of time for planning on second language performance. *Studies in Second Language Acquisition* 20, 83-108.

Miller G. A. (1956) The magical number seven, plus or minus two: Some limits on our capacity for processing information. *Psychological Review* 63 (2), 81-97.

Mizera G. J. (2006) Working memory and L2 oral fluency. Doctoral Dissertation, University of Pittsburgh.

Moere A. (2012) A psycholinguistic approach to oral language assessment. *Language Testing* 29 (3), 325-344.

Monsell S., Sumner P. & Waters H. (2003) Task-set reconfiguration with predictable and unpredictable task switches. *Memory & Cognition* 31, 327-342.

Naveh-Benjamin M., Cowan N., Kilb A. & Chen Z. (2007) Age-related differences in immediate serial recall: Dissociating chunk formation and capacity. *Memory & Cognition* 35 (4), 724-737.

Nespor M., & Vogel I. (1986) *Prosodic Phonology*. Dordrecht, The Netherlands: Foris.

Norris J. & Ortega L. (2000) Effectiveness of L2 instruction: A research synthesis and quantitative meta-analysis. *Language Learning* 50 (3), 417-528.

O'Brien I., Segalowitz N., Freed B. F., *et al.* (2007) Phonological memory predicts second language oral fluency gains in adults. *Studies in Second Language Acquisition* 29（4），557-581.

Ortega L.（1999）Planning and focus on form in L2 oral performance. *Studies in Second Language Acquisition* 21（1），108-148.

Pawley A. & Syder F. H.（1983）Two puzzles for linguistic theory: Nativelike selection and nativelike fluency. In Richards J. C. & Schmidt R. W.（Eds.），*Language and Communication*. New York, NJ: Longman.

Pechmann T. & Zerbst D.（2002）The activation of word class information during speech production. *Journal of Experimental Psychology: Learning, Memory, and Cognition* 28（1），233-243.

Pechmann T., Garrett M. & Zerbst D.（2004）The time course of recovery for grammatical category information during lexical processing for syntactic construction. *Journal of Experimental Psychology: Learning, Memory, and Cognition* 30（3），723-728.

Pickering M. J. & Branigan H. P.（1998）The representation of verbs: Evidence from syntactic priming in language production. *Journal of Memory and Language* 39（4），633-651.

Pijper & Somderman（1994）On the perceptual strength of prosodic boundaries and its relation to supersegmental cues. *Journal of the Acoustical Society of America* (4), 2037-2047.

Plonsky L. & Oswald F. L.（2014）How big is "big"? Interpreting effect sizes in L2 research. *Language Learning* 64（4），878-912.

Reder L. M., Liu X. L. & Keinath A., et al.（2016）Building knowledge requires bricks, not sand: The critical role of familiar constituents in learning. *Psychonomic Bulletin & Review* 23（1），271-277.

Robinson P.（2001）Task complexity, task difficulty, and task production: Exploring interactions in a componential framework. *Applied Linguistics* 22（1），27-57.

Robinson P.（2007）Re-thinking-for-speaking and L2 task demands: The Cognition Hypothesis, task classification, and sequencing. Plenary Address at the Second International Conference on Task-based Language Teaching, Hawaii.

Rossiter M. J.（2009）Perceptions of L2 fluency by native and non-native speakers of English. *Canadian Modern Language Review* 65（3），395-412.

Schmitt N., Grandage S. & Adolphs S.（2004）Are corpus derived recurrent clusters psycholinguistically valid? In Schmitt N.（Ed.），*Formulaic Sequences: Acquisition, Processing and Use*. Amsterdam, Philadelphia: John Benjamins Publishing Company.

Scott V. M.（1989）An empirical study of explicit and implicit teaching strategies in

French. *Modern Language Journal* 73（1）, 14-22.

Scott V. M.（1990）Explicit and implicit grammar teaching strategies: New empirical data. *French Review* 63（5）, 779-789.

Segalowitz N.（2000）Automaticity and attentional skill in fluent performance. In Riggenbach H.（Ed.）, *Perspectives on fluency*. Michigan: University of Michigan Press.

Segalowitz N.（2010）*Cognitive Bases of Second Language Fluency*. New York, NY: Routledge.

Segalowitz N. & Freed B. F.（2004）Context, contact, and cognition in oral fluency acquisition: Learning Spanish in at home and study abroad contexts. *Studies in Second Language Acquisition* 26（2）, 173-199.

Segalowitz N. & Frenkiel-Fishman S.（2005）Attention control and ability level in a complex cognitive skill: Attention shifting and second-language proficiency. *Memory & Cognition* 33（4）, 644-653.

Segalowitz N. & Hulstijin J.（2005）Automaticity in second language learning. In Kroll J. F. & De Groot A. M. B.（Eds.）, *Handbook of Bilingualism: Psycholinguistic Approaches*. Oxford: Oxford University Press.

Segalowitz N. & Segalowitz S.（1993）Skilled performance, practice, and the differentiation of speed-up from automatization effects: Evidence from second language word recognition. *Applied Psycholinguistics* 14（3）, 369-385.

Selkirk, E. O.（1986a）On derived domains in sentence phonology. *Phonology* 3（01）, 371-405.

Selkirk E. O.（1986b）Phonology and Syntax: The Relationship between Sound and Structure. Cambridge, MA: MIT Press.

Selkirk E. O.（2000）The interaction of constraints on prosodic phrasing. In Horne M.（Ed.）, *Prosody: Theory and experiment: Studies presented to Gösta Bruce*. Dordrecht, Netherlands: Springer.

Sevald C. A., Dell G. S. & Cole J. S.（1995）Syllable structure in speech production: Are syllables chunks or schemas? *Journal of Memory and Language* 34（6）, 807-820.

Shumann J. H.（1978）The Acculturation model for second language acquisition. In Gingras R. S.（Ed.）, *Second Language Acquisition and Foreign Language Teaching*. Washington, D. C.: Center for Applied Linguistics.

Simon H. A.（1974）How big is a chunk? *Science* 183（4124）, 482-488.

Simpson-Vlach R. & Ellis N. C.（2010）An academic formulas list: New methods in phraseology research. *Applied Linguistics* 31, 487-512.

Siyanova A.（2010）On-line processing of multi-word sequences in a first and second language: Evidence from eye-tracking and ERP. Unpublished doctorial dissertation, University of Nottingham.

Siyanova-Chanturia A., Conklin K. & Schmitt N. (2011) Adding more fuel to the fire: An eye-tracking study of idiom processing by native and non-native speakers. *Second Language Research* 27 (2), 251-272.

Skehan P. (1996) A framework for the implementation of task-based instruction. *Applied Linguistics* 17 (1), 38-62.

Skehan P. (1998) *A Cognitive Approach to Language Learning*. Oxford: Oxford University Press.

Skehan P. (2003) Task based instruction. *Language Teaching* 36 (1), 1-14.

Skehan P. (2009) Modelling second language performance: Integrating complexity, accuracy, fluency, and lexis. *Applied Linguistics* 30 (4), 510-532.

Skehan P. & Foster P. (1999) The influence of task structure and processing conditions on narrative retellings. *Language Learning* 49 (1), 93-120.

Sorace A. & Filiaci F. (2006) Anaphora resolution in near-native speakers of Italian. *Second Language Research* 22 (3), 339-368.

Sosa A. V. & MacFarlane J. (2002) Evidence for frequency-based constituents in the mental lexicon: Collocations involving the word "of" . *Brain and Language* 83 (2), 227-236.

Sternberg S., Monsell S. & Knoll R. L., et al. (1978) The latency and duration of rapid movement sequences: Comparisons of speech and typewriting. In Stelmach G. (Ed.) *Information Processing in Motor Control and Learning*. New York: Academic Press.

Sunderman G. & Kroll J. F. (2009) When study-abroad experience fails to deliver: The internal resources threshold effect. *Applied Psycholinguistics* 30 (1), 79-99.

Tarone E. (1983) On the variability of interlanguage systems. *Applied Linguistics* 4 (2), 142-164.

Tavakoli P. & Skehan P. (2005) Strategic planning, task structure, and performance tasting. In Ellis R. (Ed.), *Planning and Task Performance in a Second Language*. Amsterdam: John Benjamins.

Thiessen E. D., Kronstein A. T. & Hufnagle D. G. (2013) The extraction and integration framework: A two-process account of statistical learning. *Psychological Bulletin* 139 (4), 792-814.

Towell R., Hawkins R. & Bazergui N. (1996) The development of fluency in advanced learners of French. *Applied Linguistics* 17 (1), 84-119.

Tremblay A., Derwing B. & Libben G., et al. (2011) Processing advantages of lexical bundles: evidence from self-paced reading and sentence recall tasks.

Language Learning 61（2），569-613.

Trofimovich P. & Baker W.（2006）Learning second language suprasegmentals: Effect of L2 experience on prosody and fluency characteristics of L2 speech. *Studies in Second Language Acquisition* 28（01），1-30.

Truckenbrodt H.（1995）Phonological phrases: Their relation to syntax, focus, and prominance. Doctoral dissertation. Massachusetts Institute of Technology.

Truckenbrodt H.（1999）On the relation between syntactic phrases and phonological phrases. *Linguistic Inquiry* 30（2），219-255.

Turner M. & Ridsdale J.（2004）The digit memory test, revised version.

Ullman M. T.（2001）The neural basis of lexicon and grammar in first and second language: the declarative/procedural model. *Bilingualism: Language and Cognition* 4（2），105-122.

Ullman M. T.（2004）Contributions of memory circuits to language: The declarative/procedural model. *Cognition* 92（1-2），231-270.

Ullman M. T.（2005）A cognitive neuroscience perspective on second language acquisition: The declarative/procedural model. In Sanz C.（Ed.），*Mind and Context in Adult Second Language Acquisition: Methods, Theory and Practice*. Washington, D. C.: Georgetown University Press.

Ullman M. T.（2016）The declarative/procedural model: A neurobiological model of language learning, knowledge, and use. In Hickok G., Small S. L.（Eds.），*Neurobiology of Language*. San Diego: Academic Press.

Umeda N.（1982）Boundary: perceptual and acoustic properties and syntactic and statistical determinants. *Speech and Language* 7, 333-371.

Underwood G., Schmitt N. & Galpin A.（2004）The eyes have it: An eye-movement study into the processing of formulaic sequences. In Schmitt N.（Ed.），*Formulaic Sequences: Acquisition, Processing and Use*. Amsterdam, Philadelphia: John Benjamins Publishing Company.

VanPatten B.（2003）*From Input to Output: A Teacher's Guide to Second Language Acquisition*. Boston: McGraw-Hill.

Vercellotti M. L.（2015）The development of complexity, accuracy, and fluency in second language performance: A longitudinal study. *Applied Linguistics* 38（1），90-111.

Verspoor M., Lowie W. & Dijk M. V.（2008）Variability in second language development from a dynamic systems perspective. *Modern Language Journal* 92（2），214-231.

Vigliocco G., Vinson D. P. & Druks J., *et al.*（2011）Nouns and verbs in the brain: A review of behavioural, electrophysiological, neuropsychological and imaging studies. *Neuroscience and Biobehavioral Reviews* 35（3）, 407-426.

Vigliocco G., Vinson D. P. & Siri S.（2005）Semantic similarity and grammatical class in naming actions. *Cognition* 94（3）, B91-B100.

Vyatkina N.（2012）The development of second language writing complexity in groups and individuals: A longitudinal learner corpus study. *Modern Language Journal* 96（4）, 576-598.

Wagner M.（2005）Prosody and Recursion, Doctoral dissertation. Massachusetts Institute of Technology.

Wagner M. & Watson D. G.（2010）Experimental and theoretical advances in prosody: A review. *Language and Cognitive Processes* 25（7-9）, 905-945.

Wang Y., Xue G., Chen C. S., *et al.*（2007）Neural bases of asymmetric language switching in second-language learners: An ER-fMRI study. *NeuroImage* 35（2）, 862-870.

Watson D. & Gibson E.（2004）The relationship between intonational phrasing and syntactic structure in language production. *Language and Cognitive Processes* 19（6）, 713-755.

Wendel J. N.（1997）Planning and second language narrative production. Unpublished doctoral dissertation. Tokyo: Temple University, Japan.

Wolfe-Quintero K., Inagaki S. & Kim H.-Y.（1998）*Second Language Development in Writing: Measures of Fluency, Accuracy, and Complexity*. Honolulu: University of Hawaii Press.

Wray A.（2002）*Formulaic Language and the Lexicon*. Cambridge: Cambridge University Press.

Yuan F. & Ellis R.（2003）The effects of pre-task planning and on-line planning on fluency, complexity and accuracy in L2 monologic oral production. *Applied Linguistics* 24（1）, 1-27.